ROBERTIE VALÉE

# SI TU EXISTES JE TE TROUVERAI

VOLET 1–TINY.G

ISBN 978-29563114-6-1

Dépôt Légal : Avril 2024.

*« Je te cherche partout,*
*dans un regard,*
*une expression,*
*un sourire,*
*là où il y a de la vie,*
*de la lumière.*
*Je te cherche au milieu du vent*
*et du temps qui passe.*
*Et quand je crois te reconnaître,*
*tu disparais, telle l'écume*
*au milieu de l'orage,*
*changeant de forme et d'esprit*
*pour mieux m'exaspérer. »*

*Robertie Valée*

# PROLOGUE

Des pneus crissent, un roulement de tambour claque dans le silence, l'ombre m'avale et je m'évanouis. Balayée par une vague de sang, la tête en avant, je m'enfonce dans le bitume. Mes bras tentent de s'agripper. En vain. La brise rapporte une odeur de chair meurtrie et d'herbe fraîche. Un liquide chaud sort de mes yeux. Un cri muet déchire mon ventre, la nausée monte. Le ciel dégringole de ses nuages. Son chagrin s'abat sur cette route défigurée. Les oiseaux ne chantent plus.

*C'est la faute à pas de chance*, racontent certains.

En morceaux, les paupières à l'envers, mes yeux se brouillent. La grisaille s'installe dans mon crâne, y creuse son trou. Je flotte immobile dans ce vertige.

Je me souviens d'une nuit béante, dilapidée dans ma respiration. Je l'écoutais avec frayeur comme une intruse que l'on découvre brusquement.

Ensuite naît ce cauchemar récurrent d'une masse sombre qui surgit derrière un écran de fumée. Je deviens un épouvantail et mes bras se tendent dans l'obscurité.

Dans ma chambre métallique, parfois un souffle me raconte une histoire d'amour. La mienne. Ce psaume me guérit de mon errance. Un rayon de lumière s'écartèle, puis une voix familière me guide vers l'aube.

# NAISSANCE

Je suis née le 25 mars, à la dixième seconde de 14 h, heure de Greenwich en 1957, à Sheffield, sous une chorale d'acclamations.

Papa et maman se rencontrent dans un pub miteux de Liverpool lors d'une tournée musicale ; un coup de foudre immédiat tombé d'un astre, réinventé chaque heure dans un monde à part. Je me rappelle une longue suite d'images, de parfums, de sons que je nomme *ces jours d'ailleurs*. Des gravures s'accrochent aux murs, des partitions s'étalent un peu partout ; une guitare, un piano chantent et dans un grand miroir suspendu, le reflet de mes parents qui ne vieillira jamais.

MARS 1962. J'ai cinq ans. Voisins et amis se retrouvent chez nous le week-end. À 18 h, pleine à craquer, la maison grouille d'âmes qui chassent leur misère le temps d'une soirée ; le chômage augmente à Sheffield. Les bières, les plats apportés par chacun valdinguent d'un bougre à l'autre. Je trépigne en rythme, avec des chanteurs improvisés et des musiciens rigolards. Ils trinquent à la vie, à la liberté, à l'idéal, grâce à la fatigue et l'alcool qui s'insinuent lentement dans leurs veines. C'est la gloire de la journée. La maison remplace le temple et permet toutes croyances en l'avenir. Le paradis à portée de tous.

*Fuyons le foncé et rattrapons les couleurs*, murmure maman entre deux baisers d'amour. Le goût de toasts grillés et de chocolat chauffe encore dans ma gorge quand je grimpe avec elle dans ce berlingot jaune et blanc à deux étages. Il coule, flegmatique, dans des avenues asphyxiées de bruits, d'autos et d'engins déglingués.

Ma mère chantonne au milieu des passagers qui beuglent. Ça rigole gras et j'aime bien. Scotchée sur un carnet rose, elle gribouille des mots, les fesses collées sur son nuage. Moi, debout sur la banquette écarlate, près d'elle, la face étalée sur la vitre épaisse, j'agite la menotte d'une gamine heureuse. Mes sourires pleuvent pour ces inconnus en costumes et robes foncés. Ils courent en tous sens, dévorés cru par les fins de mois difficiles. Puis nous franchissons la ligne d'arrivée pour voir enfin des arbres à l'infini et la pureté d'un autre décor.

ROSY. Durant leur tournée, ils me confient à Rosy, la voisine. Chétive, le cheveu pauvre, mi-long, deux cernes bleu foncé en guise de maquillage, une vilaine peau de fumeuse, fanée avant l'âge. Mais son sens de l'humour et son esprit la rendent unique. Elle a mis au monde cinq marmots, le plus vieux va sur ses dix ans et le dernier biberonne dans ses couches. Elle les trimballe partout comme des décorations ou des objets de curiosité.

Dans le salon vétuste, son mari, cloué sur son fauteuil roulant, regarde la télé du matin jusqu'au soir, muré dans ses souvenirs. Une vraie saloperie d'échafaudage qui s'écroule. Ses gamins l'embrassent, mais il ne sent rien, toujours posté en haut du bâtiment, il boit un coup avec ses potes.

Pour joindre les deux bouts, la semaine elle fait des ménages et le week-end, elle garde des enfants. C'est donc dans un brouhaha de mioches farceurs, la bouille ronde pleine de confiture et de morve que j'atterris chez elle lorsque mes parents courent le cachet de ville en ville, écumant pubs et spectacles aussi glauques que glorieux.

DÉCEMBRE 1962. Une sonnerie sans fin réveille la maisonnée. Rosy, encore endormie, descend mollement les marches. Elle braille,

— J'arrive, j'arrive !

La porte grince, elle s'excuse, deux voix graves l'interrompent puis, chuchotent. Un silence suivi d'un cri inhumain déchire la commune. Des pas hésitent, glissent vers ma chambre. Rosy renifle. Sur le bord de mon lit, elle me fixe, baisse le menton. Des spasmes lui écartèlent le corps. Je l'embrasse. Elle éclate d'un sanglot tout chaud qui se répand dans mon cou jusqu'à pénétrer ma peau. Moi aussi je pleure, sans savoir pourquoi. Elle a vieilli d'un coup. Je caresse son visage de noyée. Ses rides s'accentuent, sa bouche marque un temps d'arrêt et se tord à nouveau. Je crois qu'elle bave en hoquetant sur ma chemise de nuit. Ses enfants nous entourent, ils hurlent dévorés par le mal de leur mère.

L'ENTERREMENT. En habits du dimanche, les amis et voisins s'agglutinent en bas des escaliers, pourtant, le silence est plus grand que le ciel. Ils me fixent puis baissent les yeux. Rosy me pétrit la main à m'en briser les doigts.

— On va à une fête ? J'ai fait une bêtise ?

Nous montons dans une voiture noire avec un couple inconnu. Ils chuchotent entre eux.

— Qu'est-ce qui se passe ?

Rosy m'embrasse les cheveux.

Le corbillard file et m'éloigne à grande vitesse de mon nid d'amour.

— Ma pauvre enfant !

Combien de temps mon regard perce-t-il celui de Rosy pour que mon cœur tape dur et que ma respiration s'étiole, une fraction de seconde, une minute ? Une boule me serre la gorge,

— Arrêtezzzzz… la petite suffoque...

Sa voix aiguë me dévore le tympan. La voiture freine, stationne sur le bas-côté, l'inconnu descend. D'un pas rapide, il ouvre la portière, se blottit contre moi. Je reconnais l'odeur sucrée salée de papa. Sa chaleur me rassure. L'air revient doucement.

— Je suis Jon ton oncle, le frère de ton père ma chérie.

Un océan dans ses yeux menace de déborder.

— Demain, on partira en vacances.

Le géant se relève et range son morceau d'amour. Ses cheveux miel s'envolent vers les nuages. Nous arrivons dans un lieu étrange piqué de croix et de bouts de jardins flétris. Le troupeau nous a devancés et forme un cercle frileux autour d'un trou béant et rectangulaire. Tout me semble irréel, trompeur. Placée au milieu comme une vedette, je souris et pourtant, personne n'applaudit. Quatre hommes apportent deux boîtes marron foncé. Elles glissent lentement l'une après l'autre dans ce précipice. Doug, le batteur de papa, s'avance.

— Mes amis, à jamais dans mon cœur.

Il marque une pause, ému. Toussote, jette une rose, un peu de sable, des pétales. Mille couleurs de papillons poussent dans la lueur tendre d'un matin d'hiver. Affolée, je hurle,

— Ils jouent à cache-cache, laissez-les sortir !

Ma main lâche brutalement celle de tonton et je cours les libérer. Mais une pince m'arrache l'épaule, une grande bringue plâtrée me dit avec un accent désagréable :

— Tes vieux sont morts !

— T'ES QUI TOI ?

Tous les visages se braquent sur nous. Horrifiée, je supplie Rosy, Doug, Roger, Fanny, Christopher, Michael, ceux que je connais si bien.

— Aidez-moi, s'il vous plaît… Aidez-moi !

L'ombre sur leur figure s'agrandit tellement, qu'ils disparaissent dans leur indifférence.

Le ciel honteux se cache derrière mon chagrin. Malgré le froid glacial, mes entrailles me brûlent. Aujourd'hui, mon soleil s'est fracassé dans la mer et s'est éteint. Mon cœur a perdu son contour et les cauchemars me guettent.

Morsure du bonheur un soir de pleine lune, début décembre. Une sale histoire de verglas. De pneus crissent, des rires s'étouffent. Valse macabre en rythme décadent d'une voiture qui danse un peu trop vite et finit sa chorégraphie sur une route déserte ; un engin fracassé, les pieds en l'air, des passagers immobiles, dont le regard fixe les étoiles.

Entourée d'une foule de menteurs, je hurle à la mort. Mes yeux braquent la terre qui les avale d'un coup. Un pasteur sans nom, une prière prête à consommer, un défilé de pauvres gens, quelques reniflements. Le spectacle s'arrête. Le rideau de fer se baisse. Tonton Jon ramasse une larme sur sa joue. Sa femme me broie du regard et je serre très fort mon ours mité, aussi vieux que moi.

Le vent m'arrache des gémissements après l'injection d'une piqure. Je divague quand ils me traînent avec eux. Un bout de moi reste à

Sheffield, je pars avec l'autre moitié que je déteste… PS : Mon doudou a disparu.

Les statistiques annuelles des accidents de la route ne signaleront jamais l'abîme qui m'a engloutie ce 13 décembre 1962.

# LE DÉPART

Le train roule sans égard pour mon père et ma mère balancés au fond d'un trou. Le nez collé sur la vitre, je m'accroche au paysage anglais qui efface chaque seconde, un peu de mon visage. Parfois, le bleu de la vie se mue en un effroyable tableau noir. Je crois que la fin du monde a commencé aujourd'hui.

LA FRANCE. Ensuite, je ne sais plus, je me réveille dans l'obscurité. Un cauchemar sans doute. Je me rendors. La violence du matin me ramène à la réalité.

— Allez, bouge, dépêche ! Souffle ma tante.

Mes paupières frémissent, je m'agrippe aux draps. Je ne comprends rien. Elle parle en français. Ma couverture vole au-dessus de moi, elle tire mon bras sans ménagement et m'envoie au sol.

— T'es nigaude ou quoi, habille-toi !

Ma chambre ressemble à un cagibi sans fenêtre et sans lumière. Un petit lit et une minuscule armoire métallique fixée sur un mur crasseux.

Après un petit déjeuner ultra rapide, un thé froid sans toasts ni pudding, tata se lève, la mine tendue,

— Tu t'occuperas d'la gosse ! lance-t-elle à mon oncle qui me sourit.

Nous dévalons prestement les rues sombres d'un décembre gris et malheureux. Au milieu d'une foule pressée, des regards nous croisent. Nous dévions sur une allée de grosses bêtes entassées où des lueurs glissent d'une fenêtre à l'autre. Après plusieurs détours pénibles, non loin du centre-ville, surgit cette énorme école en vieilles briques rouges.

J'aimerais me figer, m'oublier et ne plus avoir peur, sauter du haut du monde pour me retrouver dans la verdure et la beauté des forêts de Sheffield.

— Tonton, raccompagne-moi chez papa et maman !

— Ne t'inquiète pas, tu les reverras, me répond-il, en me chiffonnant l'épaule.

Devant l'entrée, immobiles, nous soupirons. Malgré l'angoisse qui m'étouffe, je lâche sa main et franchis le vieux portail en fer. Une femme longiligne, de noir vêtu, m'attend pour m'introduire dans la classe.

— Vous êtes en retard, mademoiselle, dit-elle, la bouche contrariée.

D'un pas rapide, nous traversons le préau rond comme une orange et mes yeux traînent sur la cour de récréation, vide et silencieuse. Après quelques marches, nous arrivons dans un interminable couloir rempli de portes décorées de dessins d'élèves. Nous franchissons l'une d'elles.

Les gamins se lèvent comme des ressorts à l'entrée de la directrice.

— Sarah vient d'Angleterre, de la ville de Sheffield. Elle ne parle pas encore le français, je compte sur vous pour l'aider.

Les pupilles en noir et bleu se multiplient sur l'attraction numéro 1 : *la nouvelle.* La maîtresse, une femme en blouse foncée, aux mèches plates, me désigne une place au fond de la classe, près d'une large fenêtre carrée. Je m'y trimballe, soulagée d'être seule. Les mômes, curieux et bavards se rassoient dans un bourdonnement d'abeilles.

Des élèves s'approchent, prétentieux et bagarreurs, ils m'interpellent, mais je ne comprends rien ! Après quelques jappements de chiens fous excités d'être sans laisse, les combats de chair commencent. Claques, pleurs, hurlements. Qui gagne ? Je me plie en deux quand l'un d'entre eux trébuche et se mange une gamelle. Cricri, comme l'appelle ses copains, habillé tel un as de cœur, bondit sur moi,

— Pourquoi tu rigoles, toi ?

— C'est une English, elle pige que dalle ! réplique une fille.

En tapant des pieds, je continue de plus belle. Les sourcils froncés il essaie de dire un truc, mais sa bouche en gueule poisson, rongée par le manque d'inspiration se taille en me tournant le dos. Un coup de sifflet marque la fin du round et celui de mes gloussements.

En rang deux par deux, au garde-à-vous, nous rejoignons notre classe d'un pas cadencé comme de sages marionnettes.

Depuis mon arrivée, un clown me rend visite.

*Morceaux de nuit, morceaux de jour valsent à contretemps, la nuque à l'envers, les pieds au plafond, rêve ou réalité ?*

Perdue et sans repère, je crie en boucle : *je vais me réveiller je vais me réveiller*. Il me chuchote : *mais, tu ne dors pas petite Tiny !*

NOVEMBRE 1963. Mon oncle et sa femme vivent dans une ville du nord de la France aussi triste et maussade qu'une pluie de cendres.

Proche d'une zone industrielle, les usines vomissent leur fumée noirâtre sur des maisons emprisonnées les unes aux autres, laides pour la plupart. L'horizon se contente d'un bleu crade, occulté par une nappe de pollution.

Peu de lumière pénètre les pièces de notre bercail, situé côté froid dans une voie sans issue. Un amoncèlement de bondieuseries s'étale sur une vieille commode décatie héritée depuis des générations. Sur la droite, un canapé en velours vert aux accoudoirs blanchâtres rend l'âme sur un tapis informe. En face, un meuble en formica croule sous une lourde TV soumise à la loi de la pesanteur. Au centre de la pièce, une table en bois massif, quatre chaises, un lampadaire jaune pisse. Une odeur de tabac froid et de moisi stagne. Des barreaux aux fenêtres, entourés de rideaux poussiéreux. Seul le tic-tac de l'horloge me rappelle que la vie continue. L'unique cadre suspendu représente la photo vieillie du mariage de mes parents adoptifs. J'ai peine à les reconnaitre.

À l'époque, Jon ressemble à une star de cinéma, les épaules larges et le sourcil enjôleur.

La beauté de Fernanda reste énigmatique, coupe au carré, ovale en triangle, une paire de seins à rendre jalouse une truie, corps maigre et sourire de méchante.

LE FRANÇAIS. Je l'apprends à l'école. À la maison, le vocabulaire lacunaire de la vieille, nommée Mamelle à cause de ses deux exubérances, déglutit sa rage en argot. J'ai attrapé la guigne, mais ce n'est pas contagieux ni héréditaire : gauchère, un gros mot, pire qu'une grosse verrue mal placée.

— Le monde est fait pour les droitiers, mademoiselle !

Madame Gautho, rougeâtre et courte sur pattes, me fixe d'un œil, tandis que l'autre court sur le côté.

— Et la lune, elle est pour qui ?

La bouche ouverte à gober une mouche, l'index menaçant, excédée, elle articule,

— Vous resterez en retenue jusqu'à 18 h !

*J'écrirai de la main droite, j'écris de la main droite, j'ai écrit de la main droite...*

Sous surveillance, tous les soirs de 17 à 18 h, je gribouille cette crétinerie pour adultes, sur mon cahier, le bras gauche replié derrière mon dos.

À 20 h, Mamelle prend soin de m'attacher le poignet à un barreau de chaise. Elle ressasse à m'en casser les méninges, ses théories sur la droite et la gauche. Grâce à elle, j'ai enfin compris le sens de *moulin à paroles.*

— Tu veux attirer le malheur sur nous ? Les bonnes âmes se trouvent à la droite du seigneur et les damnés à sa gauche.

— Pourquoi ?

— La ferme ! crie-t-elle blafarde.

Après plusieurs signes de croix, le nez au ras de l'assiette, elle marmonne une prière inaudible alors que tonton Jon me sourit. Je l'imite avec une légère différence, ma bouche plonge dans la soupe. Un millier de glouglous remontent en surface.

— J'vais t'apprendre le respect, moi, espèce de tête à claques !

Un coup de poing sur la table et sa colère se jette sur moi tel un bouledogue sur un rat. Elle me balance mon assiette en plein visage.

Je dégouline d'un consommé Poireaux–Pomme de terre. La gueule à vif, je m'asperge avec mon verre d'eau froide.

Les paluches dans les poches, le torse bombé, je plante mon regard dans le sien. Deux cernes bleuâtres striés de blanc fleurissent sur sa peau en sueur. Je pouffe. Son nez pointu fume une clope imaginaire. La face distordue, elle bondit, m'arrache l'épaule, me pousse dans ma chambre. Ferme à clé. Noir total

La semaine suivante s'occupe du sourire de ma tante, pareil à une grimace de carnaval ; d'énormes espaces découpent ses gencives. Moche quand elle s'énerve. Des postillons huileux mitraillent ma figure. Ses gros yeux roulent de gauche à droite comme des billes. Crise de fou rire : elle ressemble à une vache qui beugle. Je tiens mon ventre pour ne pas faire pipi. La suite imite un match de boxe truqué où les deux adversaires de force, de poids et d'âge inégal s'affrontent dans la même catégorie.

Au premier coup, ma tronche éclate en pièces détachées. Un souffle me déchaîne. Résistance, avalanche de coups de pied, cris aigus, insultes. Je perds très vite le premier round et ceux d'après. Elle me tire par les cheveux, et comme un insecte, mes pattes gesticulent dans le vide, l'échine tressaute en rythme sur le parquet. Jetée tel un sac de patates, roulant le long des quatre marches, j'atterris sur une flaque de poussière dans ma nouvelle demeure, la cave. Ça sent bizarre. Ma voix hurle que j'ai peur du noir. Mes poings eux s'occupent de cogner jusqu'au sang la porte de ma prison.

Le lendemain. Quelle heure est-il ? Une clé gigote dans la serrure, La vieille ouvre. La lumière m'aveugle. Elle m'évalue d'un méchant rictus.

— Dépêche-toi !

Elle m'entraîne rapidement sous la douche. Un délire de jets d'eau lessive mon corps coagulé de terre. De longues traces noires s'effilochent sur mes jambes et s'évacuent vers le siphon, tunnel étrange qui garde le secret de mon emprisonnement. Je me recroqueville, le visage retourné. Le soleil se lève, mais j'ai disparu au fond du bac.

Aujourd'hui, des marques violacées décorent mes bras, mon torse et tout le reste, comme autant de bouts de chair meurtrie par l'apprentissage de la vie. Ici, tout est austère, silencieux ou illégal. Les barreaux ne manquent pas même s'ils sont invisibles. Et les pêcheurs s'encerclent tout seuls dans leur malédiction.

Bientôt, l'aube reviendra, bleue derrière le blanc. Les mots et les actes de Mamelle n'auront plus d'importance.

Demain, une autre moi sera là qui l'accueillera, plus dure, plus résolue encore. Ma tête à claques, je la revendique haut et fort. Du mépris et de l'arrogance, voilà ce que je t'offrirai désormais tata.

Que puis-je espérer dans ce lieu ? Alors je fume mes doigts pour chercher la solution. Me débiner, me faire la malle, dégager, autant de mots nouveaux que Mamelle vocifère et que j'assimile avec une aisance étonnante.

LA COUPE. J'ai trouvé la parade ! Avec un grand ciseau découvert dans la cuisine, j'ai taillé, rasé, scalpé. Je ressemble à un moineau flétri après un coup de balai. Ma geôlière ne pourra plus me tirer les cheveux. Je ramasse ma douleur et en apnée, dévale les escaliers, direction la sortie. À ma vue, tonton panique. Son mégot encore fumant tombe sur la moquette et sa bouche avale un courant d'air.

Il crie, TINY G !

Mais Tiny tend son offrande vers les nuages. J'ai peine à me tenir droite. Le vent s'engouffre dans ma robe, le froid me griffe. Un souffle puissant emporte au loin mes tourments blond doré. Ils voltigent, se fondent dans un horizon pâle. Le soleil me tombe dessus. J'éclate de rire. Mon oncle derrière moi, applaudit.

PS : Il m'appelle Tiny girl. Nous parlons anglais tous les deux.

PUNITION RÉCURRENTE. J'évalue l'univers du noir, sa profondeur. La cave avec son haleine de terre moisie. Ces briques frissonnent contre moi. Je plaque une oreille au mur. Je l'écoute. Il tressaille. Un fluide glacé colle mes veines en douceur. Je ferme les paupières ; m'accroche à ses entrailles. Des flocons transparents roulent sur ma peau. Mon sang oublie son trajet jusqu'au cœur. Puis je glisse. J'imprime mon corps dans le sol, je rampe de long en large. Je m'acclimate à l'espace, je touche, je renifle. Condamnée à vivre dans le noir, je m'engonce, je m'unis ma prison, je veux connaitre ses secrets pour combattre ma terreur. Une lueur sous la porte, furtive, stagne, s'enfuit, revient et me rappelle la vie d'à côté. Puis je m'endors.

TONTON. Quand les bulles ne claquent pas trop dans le cerveau de mon oncle Jon, il me rend visite,

— Good night my Tiny girl !

Il se glisse dans le noir. Des bruits gémissent, effrayants, inconnus. Son halètement d'homme des cavernes souffle dans mon crâne. Ma poitrine frappe le tambour. Soudain, un jet de lumière m'aveugle. Surprise, je sursaute face à une marionnette en tronche de serviette.

— AHHHHHHHH !

Elle renifle aussi fort que le roulement d'un train. Trois coups de bâton et la chambre se tape une vague de poussière et de courant froid.

— Moi, le bouffon du roi, que désires-tu Reine d'un pays sans nom ?

Ce soir, ma poitrine oppressée se libère d'un coup. Une chance à saisir. Après une profonde respiration, je lui révèle mon unique souhait.

— Dis-moi comment rejoindre papa et maman, ils me manquent tellement !

La marionnette garde le silence et ma peur compte faiblement 1, 2, 3, 4, 5, 6…

— Quoi d'autre ?

Il enchaîne sur l'histoire du Lac des cygnes et me distrait comme une boîte à musique.

— Encore, s'il te plaît !

— Patience mademoiselle.

La torche s'éteint. Il glisse ses gros doigts dans ma paume et, bercée par sa mélodie, je sombre enfin au pays des merveilles. Depuis qu'il vient le soir avec sa voix chevrotante et ses contes de fées, du sable d'étoiles scintille dans mon cœur.

APRÈS. Les jours restent sur place. Mes fous rires deviennent nerveux, ma joie joue à cache-cache. À 21 h, dans cette froide obscurité, je grelotte. Je me dépêche de m'endormir pour échapper aux cauchemars.

Le sommeil m'emporte comme un vol de papillons. J'y ai découvert un lieu sûr et je ne sais par quel hasard, mes rêves se poursuivent dans un tunnel et me racontent une histoire d'amour. Face aux murs menaçants qui m'entourent, pour conjurer le mauvais sort, j'y placarde mes voyages secrets que je dessine chaque matin ; une sorcière cruelle, un chevalier, un clown, un monsieur tout en blanc, une roue qui tourne, et des phrases bourrées de fautes d'orthographe.

LE FRIGO. Privée de dîner. Normal, j'ai massacré l'ordre des figurines qui trônait sur le vieux meuble, toutes en rangs serrés derrière les Jésus. Dans ma cave, je cogite, j'ai faim ce soir. J'ai essayé de chiper une rondelle de saucisson, du lait. Tentatives vaines, le frigo est cadenassé. Parfois, je fauche une pomme chez les commerçants ou n'importe quoi d'autre. Ça s'appelle vol à l'étalage, je me dis que ça ne leur manque pas trop et mon estomac cesse de tournicoter.

Surtout ne pas se faire prendre. Mais un gosse l'a cafté à son père qui l'a répété à ma tante. Les citoyens ont mis bas une colonie de collabos.

LA BIBLIOTHÈQUE. Jeudi, pas d'école. 9 h. Le brouillard nous colle aux basques depuis notre départ. Les rues mouillées serpentent dans le sombre d'un matin d'hiver. 10 h. Finalement, le soleil troue le gras des nuages et se diffuse. À côté de la mairie blanche aux tuiles rouge, on l'aperçoit. Tout au bout, au croisement d'une route bétonnée sans arbres, sans fleurs et sans forêt. Son nom, la bibliothèque. Un cube de granit râpé par le crachat vert de l'usine. Mon oncle marche vite et moi comme un chiot, je trottine, la langue pendante. Après le déluge de la veille, des petites tâches d'eau flottent sur les pavés. Un miracle, l'air sent bon le bleu d'un ciel tout neuf. Le froid se tasse au seuil de notre entrée. Je bouillonne face à ces milliers de livres. J'ai le trac. Pas une mouche ne vole dans ce décor pour intelligents. Les visiteurs restent immobiles, le nez dans leur livre. Leur pincer les fesses, les bousculer, jouer les trouble-fête pour sentir la vie, entendre des fous qui déclament ou qui chantent. Mais je me contente de leur offrir des bonjours et des clins d'œil complices.

Mon oncle demande d'un ton monacal,

— La danse, s'il vous plaît !

— Quatrième droite, rayon chorégraphie, murmure l'employée, absorbée par sa lecture.

L'escalier en bois, verni d'avant-hier, craque sous nos pieds crottés. Une lettre de l'alphabet taille maxi pendouille à chaque rangée. Des sourcils se haussent puis retombent derrière leurs magazines périmés.

Il furète au hasard, tel un explorateur du dimanche. Des chuchotements, des soupirs sur notre passage. Ça me rappelle ma tante et tonton, inertes dans le noir épais de leur chambre. Seules leurs respirations me racontent qu'ils vivent encore. Me mettre au milieu, comme à Sheffield, dans le creux, un minuscule périmètre dans la chaleur de leur corps et de baisers marchands de sable. Mais je ne crois pas qu'ils s'adorent. Leurs deux formes sous la couverture à fleurs parlent d'hostilité. Écœurée, je déguerpis, car l'amour c'est un héritage qui s'attrape dans une vraie famille et la vieille n'en a sans doute jamais eu.

Mon oncle se balade, se penche, tire quelques ouvrages, les remet en place. J'agrippe son manteau,

— Alors ?

— Attends ! murmure-t-il plongé sur un feuillet. Sa bouche s'entrouvre. Puis, son regard s'éclaircit d'un joli reflet bleu. La cloche de la mairie sonne midi.

— Enfin... Le lac des Cygnes [i]! s'exclame-t-il, radieux.

Je lui arrache le livre. Je lis : *Chorégraphie de Marius Petipa, et l'histoire originale.*

Passé l'accueil, nous filons à l'anglaise. Cette fois, je cours et lui me suit. Dommage de quitter cette lumière fraîche pour la maison froide et humide. À peine revenue, je balance mon manteau sur le divan et je m'attable. Il nous prépare le plat qu'il aime, des œufs brouillés, des saucisses, des haricots et du bacon à point. Une cigarette au coin des lèvres, il remue la victuaille à rythme saccadé avec la cuillère en bois. Le gaz à fond, la vapeur s'élève et réchauffe la pièce humide. Ça sent bon. Les toasts grillent, bientôt prêt dans quelques minutes. J'ai faim. D'un geste de jeune homme, il nous sert son chef-d'œuvre. Deux verres. De l'eau pour moi, pour lui, une rasade d'un élixir rouge foncé, qu'il boit cul sec. Attention, le navire va tanguer !

— S'il te plaît tonton !

— Ne t'inquiète pas et mange.

Il ajuste ses lunettes, cale sa chaise, toussote, déglutit lentement. J'halète comme une vieille bête assoiffée.

Il commence : *Le Lac des Cygnes* chorégraphie en quatre actes, sur une musique…

Après la lecture, déçue, je renifle,

— Triste à pleurer… Mais pourquoi le sorcier jette-t-il un sort à Odette ?

— Le bien et le mal se battent pour distraire les hommes, ma chérie.

— Mais où se cache Dieu ?

— Il sommeille et nous prions pour le réveiller.

— Tiens ! dit-il en me passant le livre.

Déçue, je regarde les images.

Peu à peu les gravures dansent dans mes veines et m'illuminent. Le prince, à genoux près d'un lac sous la lueur d'une étoile, repousse le marécage où je stagne. J'habite enfin un instant béni.

Atroce révélation : sûr, Mamelle est l'oiseau noir !

RETOUR EN CLASSE.

— Mademoiselle Jones, racontez-nous vos dimanches en famille.

Planquée au dernier rang, je me lève, étourdie par mes nuits vaseuses. Ma gorge se bloque, je bredouille… Les élèves chahutent. Je flambe et vire au cramoisi. La marmaille redouble de moqueries. Mon regard dilaté se tourne vers eux, inquiétant.

— Ça suffit, silence ! Crie, madame Nivet, ma nouvelle maîtresse.

— Asseyez-vous, préparez une rédaction pour la semaine prochaine

C'est une grande femme blonde, aux yeux pastel, d'une extrême pâleur. Parfois, dans sa longue robe blanche, le reflet de maman flotte autour d'elle.

Un jour de soleil, je l'ai suivi. Le tambour jouait dans ma tête. Je souriais en état de grâce. La joie de retrouver mes parents, ma ville, son parfum. Ma folie a crevé nette avec sa question. *Pourquoi me suis-tu Sarah ?* J'ai entendu quelques bribes de phrases, *ne t'en vas pas, je*.... Réveil violent.

Honteuse de ma méprise, j'ai couru, la poitrine déchirée, tel un voleur pris en flagrant délit. Mes souvenirs se périment comme les aliments du supermarché. Je devrais savoir que le ciel ne s'illumine pas d'étoiles en plein jour. Ici, dans mon bocal, rien ne change ni l'horizon incolore et lunatique ni Sheffield toujours au bout du monde.

APRÈS LA CLASSE. Devant l'estrade, je stationne,

— Venez, Sarah.

— Votre tante s'occupe-t-elle bien de vous ?

Je me raidis, fixe le sol.

— Regardez-moi, vos mains sont blessées, pourquoi ?

Le nez bas, je balbutie

— Je m'égratigne.

— Pour quelles raisons ? Qui vous a coupé les cheveux ?

— Moi.

— Expliquez-vous ?

Mes lèvres s'agitent désemparées ; tant de tourments, par où commencer ? Je hausse les épaules puis je m'enfuis avec ce bout de destin collé à mes baskets.

LA CÉRÉMONIE. Mamelle avachie au creux du fauteuil, dans un halo de fumée, une cigarette au bec, feuillette les pages d'un magazine touristique. Elle délire depuis des années sur une possible virée au pays des fonds marins et des ouistitis roux.

— Tata, raconte-moi ton mariage ?

— Qu'est-ce que ça peut t'foutre ? lance-t-elle sans même me regarder.

— C'est un devoir pour l'école !

— Écris c'que tu veux et tire-toi dans ta piaule !

PREMIÈRE VISION. À cet instant précis, et pour la première fois, mon cerveau plonge dans sa mémoire. Leur union en juin 1955, deux ans avant ma naissance. Le temps, sacré farceur, joue à l'élastique, cultive ses tours de passe-passe, minutes après années. 24 h prennent quelques secondes.

La scène se déroule dans leur maison. En retard à cause d'un pneu crevé sur la route, ils arrivent dépareillés, elle, furieuse, lui, souriant. À peine quelques applaudissements. Les voisins déboulent, se goinfrent des victuailles déjà servies sans écouter le discours de Jon. Leur famille règle ses comptes. Les mioches se battent. Les autres se saoulent, braillent des chansons ringardes, se tamponnent le bide. Mamelle retient sa rage face aux pique-assiettes, présents sans être invités. Ce boucan lui donne le vertige. Elle n'a qu'une hâte, être avec lui. Mais Jon, le bienheureux, entre deux saucisses Montbéliard, les cordes vocales en péril, rugit son tube en boucle. Cramponnée à sa chaise, elle maudit cette fête. *Leur foutre le gâteau sur la gueule, les virer à coup de pied dans le cul.* L'amertume germe dans son ADN. 4 h du matin. Cadavres de papiers gras, miettes, vaisselle cassée, poubelles écœurantes. Elle découvre Jon sur le parquet, la chemise déchirée, la braguette ouverte, le sourire idiot. Il ronfle. Elle le gifle, il se retourne en grommelant. La lumière éteinte, allongée, nue et seule dans son lit pendant sa nuit de noces, elle rumine. Ça commence mal. Un fou rire incompressible m'agite et redouble quand Mamelle claque sa langue en me criant :

— Dégage p'tite conne !

UN MIRACLE me remet l'âme à l'endroit. 1965. 21 h. Dans l'ombre épaisse de ma geôle, mes oreilles se dressent. Un écho lointain enfle lentement. Un mélange de cliquetis et de papiers froissés. Puis une voix feutrée balbutie une syllabe puis une autre, bientôt une phrase. Surpris, mon souffle s'accélère. Des mots d'amour, des mots tristes, des mots qui pleuvent.

*« Seule l'idée de ton réveil, me sort du trou noir qui m'engloutit. »*

— Mais, je ne dors pas !

Mes yeux traquent une lueur, une ouverture inconnue. Je lance une poignée de terre au hasard pour trouver mon fantôme. Rien.

— Es-tu un esprit, le Prince ? S'il te plaît, n'ai pas peur de moi, répond !

Il s'évanouit sans laisser de traces. Son silence me semble trop lourd. Je crie de toutes mes larmes.

— Reste, je t'en supplie !

Le front et les lèvres tendus contre ce mur glacé, je grave un baiser vieux de mille ans. Les bras en croix, le cœur à vif, je m'y enfonce doucement. Mes paupières se ferment sur un *quand reviendras-tu ?*

Le lendemain. Débâcle. Le réveil hurle. Je fixe le plafond. Je doute. Je flanche. Trahison. Mon émetteur se brouille. Et si ce n'était qu'une suite de sons éphémères.

Ma journée se construit de minutes suspendues dans une boucle sans fin. J'aimerais apprendre la patience et que demain se termine maintenant. La nuit, fiévreuse, je guette son retour. J'imagine un long tunnel entre deux frontières où il se faufile depuis la profondeur du vide. À son approche, ma poitrine ventile en accéléré. Il murmure,

« *Dans ce silence qui m'accable et qui me parle de toi, je laisse traîner mes mains sur tout ce que tu as touché, en respirant ton odeur qui m'enveloppe. Je deviens fou, recroquevillé sur notre lit* »

Sa présence grave ma cage d'un havre de paix. Quand l'aube nous sépare à nouveau, je plane, perdue dans le ventre mou de ma vie. Et dans mon cœur, résonne : *toi aussi, tu me manques.*

CAUCHEMAR. Un grand fracas me réveille. Le son d'un corps qui chute où le cri d'un animal errant ? Quoiqu'il en soit, l'orage tonne sa colère sur la ville. Fébrile, ma tête me paraît bien lourde et le salon trop loin. Je remonte pieds nus les marches de ma cave en toussant.

— Tonton…

Je cours me blottir contre lui. Hypnotisé par sa *Gazette du Nord*, il me repousse.

— Dis-moi ?

— J'ai vu tata derrière toi un méchant soir de verglas. Elle trimballait un jeune gars, les cheveux drus courts, des épaules de taureau, les doigts crispés sur un bâton. Tu marchais vite, le dos vouté, mains dans les poches. Ils filaient à l'unisson comme deux têtes de mort.

J'entoure son ventre rebondi et me serre contre lui.

— Fais attention tonton !

Ses sourcils dégringolent d'un coup, son visage se ratatine. Il soupire :

— Ce n'est qu'un cauchemar, ne t'inquiète pas !

— Tu es mon unique ami, mon deuxième papa, comment vivre sans toi ?

Deux larmes grosses comme des patates balaient mes joues. Il sourit devant ma bouille mouillée,

— Après le déjeuner, on fera un concours de rire, alors entraîne-toi, sinon je vais gagner !

Armé de son journal, il disparaît *à l'anglaise.* Je remballe mon angoisse au coin de la table en buvant un thé noir aussi brûlant que mon cœur.

ANNÉE 1965. Je me balade dans le temps. Et j'ai peur. Plongée dans l'avenir ou le passé, j'ai attrapé l'iris d'une vieille fille. Je grandis trop vite. Existe-t-il d'autres personnes comme moi ? Le clown vient-il leur rendre visite ? Comment savoir …

L'ÉGLISE. Tous les dimanches, la famille Jones se trimballe à l'église. À l'envers et à l'endroit, l'Orpheline, la Vedette et la Bigote. À pouffer de rire. La lessiveuse a clapoté notre crasse durant une semaine. Remise à neuf, propre sur moi avec ma robe spéciale coton gris plombé. Sur notre passage, nous répandons notre *javel lave plus blanc.* Tonton, au début, a refusé, car je suis née protestante par mon père et ma mère. Une guerre familiale a sévi au sein de la cuisine jaune. Comme d'habitude, la vieille a gagné la bataille.

Aujourd'hui, le vent grimace, nous fouette et rapatrie nos trois squelettes vers l'usine à prières. Les fidèles entassés comme des sardines s'empilent selon un ordre établi. Les prolos à gauche, les bourgeois à droite. Après une génuflexion rapide, les voilà tous repliés sur les bancs. L'idole du jour impose le calme dès son apparition dans la nef, le curé, un homme au teint rose, épais, le crâne ajouré et bas du cul. Son index hystérique s'agite, désigne vaguement des profils planqués au fond de l'église. Ses bras s'élèvent, implorent la grâce de Dieu. Les visages se tendent, les sourcils se fixent. Il pleut des remontrances à gogo. Il accuse les brebis égarées d'apocalypse imminente. Heureusement, la confession annule les péchés les plus vils. Ouf !

Certains opinent du chef, d'autres s'étiolent derrière leur mouchoir, en quête d'absolution hebdomadaire. Après son speech, auréolé d'une grâce solide, le père rejoint son auditoire pour la communion. La collecte dominicale s'enchaîne. La monnaie et les billets clinquent dans la corbeille en osier.

Le samedi suivant, quelques bougres, qui ne craignent ni le diable ni le reste, se réunissent au « Bûcher » ancienne boucherie ressuscitée en *bar du coin*. Ils s'excitent en boucle devant un large écran où des malheureux bestiaux à crinière, dévalent les naseaux fumants, un terrain plat sous la huée d'une foule délirante. Vertige hebdomadaire assuré par des canassons au ticket gagnant ou perdant.

Pile ou face : « Enfer ou paradis, tu choise ».

## LA CONFESSION.

— Confesse-toi vite, pour ne pas être maudite ! Me souffle Fernanda.

Le regard en l'air je me ronge les ongles en attendant mon tour. Les vapeurs d'encens me titillent les narines et m'enrhument. Le nez plein et la face cramoisie, je rentre dans l'isoloir.

— Bénissez-moi mon Père, car j'ai péché.

— Oui mon enfant,

— Je déteste ma tante, elle est méchante. Pardonnez-moi, j'essaierai de ne plus l'offenser et de faire pénitence…

Puis, je lui confie mon secret. Il pousse un grognement louche.

— De la sorcellerie ! Méfiez-vous du diable mademoiselle, il prend plusieurs apparences. Le tentateur s'insinue dans les âmes faibles et les possède. L'entendez-vous dans votre tête ? Crache le curé.

— Non, elle chuchote dans la cave.

— C'est un péché mortel !

— Mon Père, la voix m'enlève ma tristesse.

— C'est Dieu, votre délivrance !

— C'est peut-être lui qui me parle ?

— Ne blasphémez pas ! Repoussez le Malin pour obtenir la miséricorde de Dieu !

Ses mots me désespèrent. En exil, le front sur les genoux, je chuchote,

— Oui oui mon père, pardonnez-moi et bénissez-moi… Et patati et patata, amen.

Les tripes serrées, je repars maussade. Si le Prince apparaissait, le sourire en demi-lune et le costume hors saison, crucifié à nouveau « Rien de personnel » diraient-ils, le rictus en noir et blanc, comme à la télé.

La cloche retentit. C'est l'heure. La maison de Dieu, au toit pointu, vomit sa bande de fidèles à peine repentie, une marguerite au coin des lèvres. Sur la place centrale, un cercle d'habits sombre se forme sous un ciel simili bleu pâle. C'est le retour des poignées molles, hypocrites, des hochements de tête condescendants. Au milieu de cette cohorte de chuchotements surannés, tata me presse l'épaule. Sur le chemin bordé de bonnes résolutions et d'herbes folles aseptisées par les prières, nous rentrons dans notre terrier. Mes éternuements à répétitions l'exaspèrent,

— Dépêche !

D'un pas militaire, elle trotte, l'échine tendue, moi, à dix mètres derrière elle, je cultive ma rancune en raclant mes godasses sur le pavé. Nous retrouvons tonton qui a filé à l'anglaise. Le nez éclaté par la vinasse, il déguste l'air marin sur son bateau ivre.

Le curé m'a chamboulé les méninges avec le diable et ses acolytes. Depuis, un élixir d'angoisse fermente et me contorsionne l'estomac. Ça empeste le soufre à plein nez ! Je bous grandeur nature. Seul tonton m'apaise. Son sourire porte la lumière. Un vrai lampadaire. Ce matin, aucune bulle dans sa pupille. Le commandant paraît en forme. Retour à la vie. Je mijote une approche. 17 h. Je l'observe, toujours scotché sur les résultats du turf et leurs pronostics d'escrocs. Je souffle comme un vieil animal de foire,

— Quoi ?

— J'ai un nouvel ami,

— C'est qui ?

— Je crois que c'est mon fiancé.

Il se redresse brusquement.

— Que veux-tu dire ?

— C'est un homme… qui me raconte que je lui manque.

Il bondit du fauteuil

— Il te parle à l'école ?

— Non, dans la cave.

Anxieux, il m'accroche le menton avec ses doigts de camionneur.

— La prochaine fois, préviens-moi tout de suite, je descendrai...

Je l'interromps,

— Même si je pleure, tu ne m'entends jamais quand je t'appelle…

Énervé, il marche en long en large et en travers.

— Tu te sens seule ?

— Quand m'emmènes-tu à Sheffield ?

Il détourne le regard.

— Ne raconte rien à personne !

— Pourquoi ?

— Les gens ne comprendraient pas !

Je sais qu'il a raison.

— Tonton… la nuit, je me promène dans un cauchemar…

— Allez, on part en vacances !

Pour lui, voyager, c'est fuir loin d'un carré gris et insalubre où même la lumière se brise sur un chagrin secret. Main dans la main, nous dévalons d'un pas rapide ces ruelles emprisonnées pour découvrir à quelques pâtés de maisons, un vaste terrain. Creux, bosses, pneus éventrés, un brouhaha de détritus installés dans des monticules de terre.

Mon oncle farfelu, redécore le paysage à sa façon.

— Admire le lac, me lance-t-il, heureux.

En fait, c'est une flaque boueuse où des créatures minuscules grouillent et tressautent joyeusement de part et d'autre. Une vallée devient une montagne, un ruisseau une rivière. Son fluide illumine la nature et transperce le gris du ciel. La couleur se répand. Tout vit intensément. J'entends même battre le cœur du jardin qui retrouve sa gloire d'antan, autrefois un grand parc aménagé aux arbres centenaires et aux fleurs rares. Un tronc gangréné se recueille sur ses mauvaises herbes. Nous y découvrons un trésor : une pelle rouillée et un seau en plastique bleu foncé. C'est ainsi que notre premier château fort s'élève dans ce paysage cru et balafré, sous un soleil jaune d'or au milieu des champs de blé, des tournesols et souvent des « Beatles » quand mon oncle emporte sa guitare et qu'il chante « Yesterday ».

17 h. OCTOBRE. Pendant que la casserole glousse sur le feu et que la nuit nous tombe

dessus à grandes enjambées, une question me perturbe.

— Tu crois que je rencontrerai mon prince ?

— Bien sûr, mais pas tout de suite.

Le nez dans sa gazette, il aligne des croix, entoure des noms d'un stylo rouge. Un tiercé en prévision.

— Quand ?

— Lorsque tu seras grande,

— Comment je saurais que c'est lui ?

— Au premier regard.

— Et s'il meurt avant moi ?

Il relève la tête, pensif, pose son crayon.

— Il renaîtra pour t'attendre à nouveau dans le futur. Parfois, les cœurs se trompent d'époques, de lieux, ratent leurs entrées ou leurs sorties, comme dans le Lac des cygnes ; mais, le véritable amour reste éternel et réunit toujours ceux qui s'aiment, au-delà du temps et de l'espace.

# LILI

À l'école, les autres me boudent, se groupent par deux, trois ou plus, moi j'affiche la mine blasée une fleur au coin du bec : *besoin de personne.* Puis un miracle arrive, lorsque je découvre une amie comme on ramasse une châtaigne, une bonne note ou une claque, moi c'est Lili.

17 h. Le ciel met bas d'épais nuages noirs, la pluie ne devrait pas tarder. L'automne a oublié l'été.

L'histoire se passe à la récréation. La bedaine flottante, Bobo s'avance à grands pas vers Lili terrifiée. Il l'empoigne par le cou, ricane, la secoue comme un chiffon puis la jette sur le sol. Témoin de la scène, révoltée, je bondis et lui décoche ma gauche sur la tronche. La mâchoire craque et sa masse visqueuse s'explose sur le bitume.

BOBO ! BOBO ! BOBO ! hurlent les gosses autour de nous. J'enchaîne un coup de pied dans le bas ventre et bidoche se tord en deux. Je m'accroupis, articule.

— Espèce de lâche !

Une bonne gauche en pleine tronche, K.O par forfait. La grosse tache renifle sa honte sur le gravier. Le sifflet aigu de la maîtresse met fin à la transe de ces mioches sournois. Ils s'éparpillent en un clin d'œil.

Le visage tuméfié et les jambes meurtries par les coups, elle se contorsionne sur le sol froid, avec une détresse de piaf blessé. À sept ans, elle possède déjà le titre de souffre-douleur de la classe. Je l'enlace et lui chuchote,

— À partir d'aujourd'hui, je te protégerai.

Elle sourit faiblement.

— Je te raccompagne ? Elle acquiesce.

Depuis quelques mois, nous sommes meilleures amies. Sa candeur contagieuse efface ma colère au quotidien. Avec elle, tout me paraît simple. Désormais, nous jouons ensemble. Ses tortionnaires l'ignorent, dissuadés par ma taille, mes poings et ma folie. À la sortie, nous nous rejoignons. Sa mère travaille à l'usine, son père est mort il y a un an. Heureusement, il leur a laissé quelques économies pour payer le loyer.

La dame dans son jardin nous attend. Elle guette comme les mamans, un peu inquiètes. Nos deux silhouettes effacent l'ombre qui l'entoure. Tout va bien. Sa respiration ralentit. Elle agite la main et dans un éclat de rire presque insolent, nous donne un baiser qui parle d'amour, rassure et m'évoque une douceur particulière, celui d'une mère. Garder sa trace sur ma peau pour ne plus jamais me sentir au bord d'un gouffre. Une fois, elle m'a emmenée dans la salle d'eau, m'a bandé le genou qui saignait. Avec un regard triste, sans rien demander, elle m'a caressé les cheveux et m'a serrée fort contre elle. J'ai retenu un sanglot vieux de mille ans, j'aurais voulu y rester une éternité. J'ai vu le mot tendresse s'inscrire dans le ciel en fermant les paupières contre sa poitrine.

Son teint brûlé me rappelle la chaleur du soleil, des rivières sans fin, bordées de collines vertes et des montagnes de fleurs exotiques ; des images de magazines touristiques que feuillette tata.

Avec Lili, je vais *en vacances* le jeudi après-midi et le samedi.

— Pas assez beau, ni assez grand !

Soupire-t-elle, à la vue de notre palais, un monticule de boue gluante, dépecé par un monstre invisible qui dévore tout sur son passage. La brute se nomme le vent du Nord. Il laisse à notre jardin sa laideur, son désespoir et sa lente agonie.

Spong, spong, spong, nos empreintes creusent la glaire des mottes après l'averse tiède du matin. On éclate de rire et on balance nos seaux de graviers noir et blanc sur cette terre qui prend ce qu'elle trouve sans rechigner, un peu comme nous, reconnaissante.

Blotties l'une contre l'autre, nous pétrissons sans relâche, semaine après semaine, notre architecture éphémère. Tout autour, les nénuphars fleurissent et les tournesols remercient le soleil.

Quand la lueur du jour décline, que le ciel s'obscurcit, main dans la main, nous rentrons avant que le chemin se cache derrière la nuit et nous perde dans une ville inconnue. Je la dépose chez sa maman et son rire de bonheur puis je rejoins ma geôle, le cartable rempli de gaufres vanille-coco. Une fraîche odeur des îles plane désormais entre mes quatre murs.

Voilà des heures immenses qui n'en finissent pas de rêver, pures, innocentes et maculées d'étoiles, sur ce bout de terre joyeuse où les trésors s'accumulent dans un espace apaisé.

Mon oncle nous retrouve parfois. Aujourd'hui, il a dessiné, avec une vieille branche de bois mort, une carte de géographie. Attentives, nous contemplons le monde.

— Où se trouve Sheffield ?

Il tressaille une seconde, puis me désigne l'endroit en posant un caillou à l'emplacement.

— Tu peux m'emmener là-bas, déjà trois ans loin de maman, papa, Rosy ?

Ma question l'éteint comme une lumière, d'un coup bref « Switch off », ses yeux disparaissent sur le côté pareil à deux bêtes paniquées.

— On y va !

— Réponds-moi ?

— Plus tard.

— Et pourquoi pas maintenant ?

— Parce que. C'est tout !

Pour la première fois, mon oncle a nourri ma souffrance. À peine rentrée, je cours dans ma chambre pour évacuer une grosse boule noire coincée dans mon ventre.

Je tente d'enrayer ma rancune avec cette phrase en boucle : *je retournerai à Sheffield, je retournerai à Sheffield, je…* et ma tristesse finit par tiédir.

Hier, Cricri nous a suivi, le souffle bourré de méchanceté. Ses ricanements redoublaient à chaque coup de pied balancé sur notre chef-d'œuvre. Sans comprendre nos gloussements, il s'acharnait de plus belle.

J'ai crié :

— T'as peur de t'noyer dans la rivière ?

Après un tour sur lui-même, il a vomi sa grimace, vexé de ne rien voir.

— T'es bigleux, débile ou quoi ?

Il a grogné comme un chien. La gueule ouverte, il a déguerpi avec une fureur plus grande et plus noire qu'au début.

Avec Lili, nous avons décidé de sceller notre lien autour d'un serment de cœur. J'ai arraché ma peau contre un mur et avec mon sang, j'ai badigeonné nos deux fronts de traces rouges, désormais notre emblème. Comme par enchantement, malgré le froid et le vent qui sifflait, un joli rayon de soleil a caressé nos cheveux. Un fleuve nacré coulait vers l'horizon et, sous cette lumière tendre, les mains jointes l'une contre l'autre, nous nous sommes jurées une amitié éternelle.

Je lui ai révélé mon secret : mon prince. Le marron de son iris a débordé le blanc. Il flottait sur un arc-en-ciel.

— Je peux venir avec toi à la cave ?

— Mamelle me déteste et refuse que j'invite une amie. Il me parle en cachette, très tard…

Le lendemain, j'ai rêvé d'elle. Un fleuve d'or déferle à grands flots. Elle s'avance vers moi, les pieds nus sur un sol de dalles orangé, le sourire de la vie en grand sur son visage. De chaque côté de la berge, des fleurs, des palmiers, des teintes vives. Pourtant, un coup de canif déchire l'horizon.

Je me réveille oppressée. Pourquoi ? Ces envolées nocturnes me déconnectent.

À l'école, mon regard anxieux l'a cherchée. Elle rentrait sagement avec sa classe. J'ai respiré et j'ai chuchoté à mon malaise :

— Dégage, tout va bien.

Maintenant, il me suit comme un caniche derrière son maître.

1966 BOUSCULE MA VIE.

Des mots, des gestes, des images me regardent en face. Une révélation. *Ta nouvelle escale !* me clame le clown blanc. J'ai trouvé mon chez-moi, un feuilleton de huit épisodes, « L'âge heureux ». Une intrigue à l'opéra de Paris. À 4 h tapantes, je m'incruste devant la télé telle une sangsue sur un bol de sang. Une boule de feu remonte mon corps. Invisible, je colonise la scène. [ii]*Sauts de chat, pas de bourré, sissones, pirouettes* migrent lentement dans mes muscles. Tendue, mâchoires serrées, j'essaie, souffle, recommence. Le feuilleton se termine. 17 h. Gonflée à bloc comme une montgolfière, la bête me quitte, ne reste plus que l'ange.

Je regarde le troisième épisode avec Lili. Les deux premiers, j'étais seule. Malade et triste sous sa couverture jaune, elle se tapait une bronchite qui pique et fait cracher. Elle a pleuré. Au téléphone, je lui ai dit : *je te raconterai tout, je te le promets.* J'ai entendu un *merci* heureux qui reniflait sa joie.

Les premières images commencent. Mon cœur s'accélère. La télé s'agrandit. Je me penche dans l'écran, au milieu des danseuses. L'histoire, je m'en fiche, seuls les cours me fascinent. Happée par l'atmosphère, j'évolue sur scène en pleine répétition. Lili disparaît. Ses commentaires m'énervent.

— *Shuttt ! regarde.*

Elle rit, s'impatiente. Mon cœur s'envole à l'opéra. Abandonnée, maussade, elle s'étale devant moi.

— Bouge !

Je la pousse. Oublie ma force, elle tombe sur le tapis. Mes pupilles s'agrandissent devant l'énormité du geste.

— Excuse-moi…

— C'est rien, dit-elle en m'embrassant.

La fin de l'épisode nous trouve bras dessus, bras dessous. Elle me chatouille et je souris.

LA DANSE. C'est une certitude, je dois prendre des cours. Le soir, je décide d'en parler à Mamelle. 19.30 h. Elle entre, file dans la cuisine, pose son manteau, ses paquets en vitesse accélérée ; clope une gitane puis s'écroule les jambes écartées sur une chaise en pompant une taffe. L'espace d'un instant, elle soupire quand elle rejette la fumée. Depuis le vestibule, j'évalue le risque. C'est un sable mouvant qui m'attend. J'avance à petits pas comptés, silencieux, hésitants. Plantée face à elle, je souffle d'un jet monocorde,

— Tata je désire être danseuse tu peux m'inscrire dans un cours ?

Elle sursaute, tirée de ses rêveries. Sa tronche se déforme. Cruella m'évalue de bas en haut. Bouche close. Froide, elle se lève, déballe ses filets, ouvre les placards nerveusement ; la cendre de sa cigarette voltige, forme des petites taches grises sur la cuisinière. C'est un vacarme de casseroles, de plats qui se posent, de grincements de tiroirs. La choucroute garnie de patates et de joues de porc crépite maintenant sur le feu, comme moi. Elle pousse un juron, et furieuse elle me bouscule.

— Au lieu d'faire chier, mets les assiettes… Tiens, n'oublie pas les couverts !

Je m'exécute aussi vite que possible.

— Va t'laver les pognes, on mange à 20 h.

— Mais tata !

— Tu piges le français ?

— Je…

— Arrête tes balivernes à la con !

— S'il te plaît !

— Pourquoi t'veux danser ?

— Pour interpréter le Cygne blanc !

Elle prend une pose, s'adosse au frigo, en grille une autre. Je l'implore. Le rictus en coin, la cigarette au bec, elle grince des dents, expulse des tronçons de phrases qui m'asphyxient à répétition.

— Regarde ta gueule, c'est pas plutôt la mare aux piafs qui t'conviendrait mieux ?

À cette idée, Mamelle éjecte un fou rire incontrôlable qui ravage tout sur son passage. La main sur le décolleté, la bouille en arrière, son mégot meurtrier roule. La trachée en feu, elle crachote faiblement,

— Va m'chercher d'l'eau !

La vieille tressaute dans cette cuisine jaune et mal éclairée. En larmes, elle s'agrippe à la chaise et se mouche bruyamment dans le torchon. Après quelques gorgées, elle reprend ses esprits. Son fluide s'insinue dans mon corps. Livide, je cours dans ma chambre. Je n'ai plus faim.

VENGEANCE. Le bon moment arrive. Celui de ma vengeance. Tonton vient d'acheter un disque qu'il met en boucle « Sympathie for the Devil » des Rolling Stones. Tous les deux, on se dandine genre Hula Hoop, mais sans le cerceau, en criant à fond « woo! woo! » le refrain.

19 h. Cliquetis des clefs dans la porte. Pâle, les commissures tombantes, elle s'écroule, comme à son habitude, sur la chaise en bois près du chauffage dans la cuisine. Jette son sac sur la table. Elle hurle :

— Fais chier ta musique de merde, tu m'casses les oreilles.

Tonton baisse le son et je crie woo ! woo !

— Tu piges p'tite conne ?

Mon oncle, grommelle. Un nœud dans le gosier, il range le disque avec soin, se sert un double whisky puis fossilise le divan. Fin des réjouissances. Déçue, je boude, les bras croisés.

Cruella respire, libère sa tignasse qu'elle secoue, en grille une. L'œil en fente, elle clope son extase. Un brouillard blanc masque l'odeur de la cochonnaille qu'elle trimballe avec elle. J'arrive, lui chuchote à l'oreille.

— Tata, je n'ai jamais vu une femme vieille aussi moche et qui pue autant !

L'atmosphère se contracte, les murs s'électrisent, une douche glacée sort de son crâne. Elle bondit et me décoche une gifle puissante que je mérite enfin ! Sa furie m'enveloppe. J'ai morcelé son image et brisé son miroir en détectant sa faiblesse, elle s'émiette de jour en jour avec l'âge. J'exulte. Elle remet ça. Bravo ! Ma tête valdingue, mais la vieille déguste, ça vaut le coup, j'assume ma raclée. Je reprends mon cri. Ma joue brûle de mille feux, je recule.

— T'es laide et je te déteste !

Elle s'avance la face rouge marbrée à s'en péter les vaisseaux et, avant que je me sauve, elle m'étrangle. Un de ses ongles, une saleté de lame de rasoir me coupe la peau. Secouée dans tous les sens, je deviens un poisson qui frétille sur le mur. La bouche ouverte, je glisse vers un cri muet. Je cherche une accroche, mais mes poings vont et viennent dans le vide, je griffe son avant-bras. La force m'abandonne et me plonge dans l'obscurité. Bientôt j'exploserai comme une bulle. Tonton arrive d'un bloc. Il lui broie le poignet afin qu'elle lâche prise. Elle n'y croit pas, son front se froisse, un mince filet de bave coule d'un coin de ses lèvres. Elle résiste.

— Mais lâche-moi ! Ça te va bien de ressusciter maintenant ! hurle-t-elle, la bouche déformée.

Il ne bronche pas. Droit comme un roc, il reprend le contrôle du navire. Ses doigts lui tordent le bras à lui exploser les os. Elle se débat. Sous la douleur, elle abandonne. L'étau se desserre de ma gorge. Un Alien tombe du visage de Fernanda, son pantin lui échappe, elle enrage. La mine défaite, elle me voit filer telle une flèche. Jon fait barrage, la maintient hors de portée. Sa puissance et sa détermination la sidèrent. Comme un animal, elle perçoit le danger dans les vibrations meurtrières qu'il dégage. Sournoise, elle lance :

— Qu'est-ce tu fous avec la gamine quand j'turbine ? et le soir, tu crois p' être que j'sais pas c'que tu fricotes avec elle !

Dans un silence hypnotique, il la pousse et sa paume s'abat violemment sur sa joue. Elle tombe en arrière. Sa nuque heurte le frigo. Assommée, elle reprend peu à peu ses esprits puis elle crache,

— Impuissant, alcoolo, bon à rien !

Mais Jon en bas de la rue n'entend pas. Il a claqué la porte et marche rapidement. Je le rattrape, mais il me dit *rentre vite !* avec le visage d'un étranger. J'hésite, puis le surveille à distance. Il s'engouffre au Bûcher. J'en fais le tour. Depuis une fenêtre cassée, le nez collé sur un bord, j'observe. Tonton et ses potes se tapent un film dans l'arrière-boutique du bistrot. Certains, la tronche édentée le regard fixe, parcourent de leurs doigts tentaculaires leurs cuisses qui gigotent. Ça se bouscule, ça trinque, ça y va de la blague grasse et potache. Mon oncle reste indifférent. J'ai beau me hisser sur mes pieds, je ne vois que le dos de l'écran. Des grosses voix beuglent. Les pupilles injectés, la face cramoisie, des rires giclent comme la bière qui coule à flots. Ça dégouline en long et en travers. Une meute vivante, du prêt à exploser. Pire que les mioches de ma classe.

Je crois que ce lieu le ressuscite, lui renvoie un éclat d'insouciance, car il se consume de jour en jour. Face à cet écran plat, la foule délire et la violence de leurs cris le ramène sur terre. Leurs yeux brûlent de mille feux comme des pièces d'or au soleil. Un frisson gagne l'assemblée et déchaîne la marée haute. Il sourit enfin.

Le film terminé, le patron clôt son bastringue et libère son troupeau de cinéphiles. Tonton se presse. Moi, je fais gaffe. Il bafouille une chanson. Le vent glacé hurle. Le verglas zigzague comme ses pas. Il s'en fiche, car un Anglais croit que la nature a le sens de l'humour. Enfin, nous arrivons. Il entre dans leur chambre.

Essoufflée, à pas de loup, je me faufile. Accroupie, je zieute Mamelle, assisse sur le lit, lèvres closes. Il sourit, s'avance, l'enlace, elle se raidit.

— Ferme la porte, la mioche espionne.

Honteuse, je me sauve. Un jour, mon oncle m'a confié, *chacun porte sa croix !* la sienne, tata, une punition en chair et en os. Une fatalité malheureuse. Une fille de bonne famille qui joue à cache-cache avec le diable. Lui, un fidèle des bars à cons où l'on rigole d'une mouche qui vole, où l'on se cogne les poings à vif, juste pour se sentir vivre.

Un mirage, une illusion quand chacun d'eux plonge dans la sainte la réalité. Mais il est trop tard, l'habitude garde ses proies.

CHANGEMENT.

Les mois se défilent et Lili s'assombrit. 15 h. Jeudi, dans notre jardin extraordinaire, occupées à fourrager mollement, c'est l'heure de rentrer *à la casa*. Un nouvel épisode de *l'âge heureux* passe dans une heure à la télé. Impatiente, j'attends ce moment toute la semaine. Elle traîne.

— Dépêche !

Au début, nos rires décrivaient un arc-en-ciel. Nos sauts maladroits traçaient nos chutes et la boue en gardait l'empreinte.

Mains croisées, nous tournions sur place jusqu'à l'étourdissement. Un après-midi, sa jambe a heurté l'arête tranchante d'une brique.

Le sang a coulé. Sa répugnance pour *l'âge heureux* a peut-être commencé ce jour-là.

J'étais le professeur, dur et intraitable, elle, l'élève. Elle s'est lassée.

— J'en ai marre de tes ordres, c'est pas drôle, et puis mon genou saigne encore !

— Si tu veux être la meilleure, c'est comme ça !

— Je déteste la danse et bientôt toi aussi !

Nous dévorions le feuilleton chez elle, désormais, je rentre seule. Ses yeux, deux pierres brisées, oublient de me regarder, j'ai disparu. Notre histoire commune s'érode. C'est une violence qui marque une frontière. Elle tape du pied.

— Je ne veux pas y aller !

Elle supplie avec un air triste qui parle de solitude.

—- Allez, viens !

— Je déteste ton prince, tu ne penses qu'à lui !

Voilà qu'elle fait du bruit avec sa bouche. Hostile. Elle crie des mots qui nous abîment. Je sais que son visage ment. C'est la première fois. Je hausse les épaules. Elle pleure. Une pluie chaude tombe de ses joues. Je la serre dans mes bras.

— Tu es ma sœur, ne t'inquiète pas.

Elle gémit, se débat, une douleur nous sépare. Elle souffre comme un enfant gâté qui veut son joujou.

— Tu ne penses qu'à toi !

— Non, c'est toi !

Ce matin qui n'en finit pas me déplaît comme un faux battement de cœur. Des bruits de voix, des ricanements de passants. *C'est un jour d'été,* s'exclament certains, le nez en l'air. Pourtant des nuages cachent mon soleil. De l'encre brûlante jaillit de mes yeux. Lili refuse de me suivre. Le jardin se fige s'assombrit, pareille à mon humeur. Les vacances se terminent.

DEUX MOIS PLUS TARD. Sa lumière s'éteint. Dans son petit manteau gris foncé, elle me fixe, les traits douloureux. Chaque jeudi, mon infidélité l'accable. Une peur nouvelle s'est infiltrée dans son âme comme une mauvaise bête qui nous dévore et me projette contre un mur de monstres. Désormais, un silence hostile nous emprisonne.

— Tu es ma sœur, mais la danse, c'est ma vie !

— Et moi, tu m'oublies… tu ne parles que de lui et de tes pirouettes que je déteste !

Au milieu des cris d'enfants, à l'école, nos récréations deviennent un leitmotiv.

— Je t'aime !

— Tu partiras avec lui et je serai seule.

Depuis, quand je la raccompagne, elle regarde au loin. Les champs de blé périssent et les tournesols sont morts. Nos reproches marchent avec nous et séparent nos deux mains.

Le paradis marque sa ligne de démarcation, la franchir, c'est rejoindre l'enfer.

8 h. La radio chante : *Plaisir d'amour ne dure qu'un moment, chagrin d'amour dure toute la vie…*

J'ai le cœur à vif par la vérité des mots.

Comment est-ce possible tonton ?

Il a répondu,

— Dépêche-toi, on va encore être en retard à l'école !

LA MAMAN NOUS ATTEND. On dit que tout marche par deux, car elle aussi a perdu son rire de bonheur. Lili se tient contre elle comme pour se protéger.

— Tu entends des voix ? me demande-t-elle avec des pupilles de grenouilles.

— Non…

— C'EST PAS VRAI, hurle Lili, TU MENS !

— Alors, arrête avec ces histoires de prince qui te lit des lettres,

— Et toi cesse de gémir pour qu'il vienne, ça suffit !

Comment Lili a-t-elle pu révéler mon secret ? Mes yeux se voilent, la dame devient floue. La trahison m'écorche vive. La petite essuie ses larmes. La maman la console et la conduit dans sa chambre. Elle revient, froide.

— C'est l'heure de partir maintenant, demain, il fera beau ! m'affirme-t-elle sur le palier, en fixant le ciel.

La météo je m'en fiche. Je ravale mon désarroi et regagne ma prison. Pourquoi choisir ? Le prince, la danse, Lili ?

*La partie perdue, il faut en jouer une autre*, me chante le clown blanc. Ma peine s'alourdit. Elle me suit comme un insecte qui m'aime à la folie. *La roue continue de tourner. Attention, c'est reparti…*

L'ACCIDENT. Cricri nous fixe à la sortie des classes. Il esquisse un rictus que je connais bien. Aguerrie, je renifle l'entourloupe. Sa bande s'est ramifiée à des plus grands, 13 - 14 ans. Je peux sentir de loin leur haleine de vermine. Pour les semer, je bifurque sur un chemin caché derrière un pan de mur. Les narines dilatées, nous accélérons.

Les rues se dispersent à chacun de mes pas, ma vue se brouille, j'hésite. Lili s'essouffle et crache ses entrailles. Ses doigts s'agrippent.

— Urge !

Le visage froissé, elle hoquette

— J'arrive pas à.... Ma respi... ration !

Sa voix s'écaille. Loin du lycée sur une route déserte, toutes deux silencieuses, nous marchons. Je tire son bras sans ménagement. Elle soupire,

— J'ai mal.

Son regard se casse quand elle tombe à genoux sur le bitume. Elle s'étouffe. Désespérée, je tape sur son dos, je souffle dans sa bouche. Ma poupée agonise, un monstre lui presse la gorge. Impuissante, je pleure. Une clameur brouillée de cris, des pas rapides résonnent sur l'asphalte, je me retourne. La bave aux lèvres, ils arrivent en courant, certains brandissent un bâton. Cette fuite dans ce champ de bataille pour marmots prend des airs de drame. Je serre les poings, décidée à me battre jusqu'au bout. Une sirène stridente stoppe leur avancée. Les gosses s'évaporent telle une nuée de corbeaux après un coup de feu. Des policiers s'arrêtent et dépêchent une ambulance en voyant Lili suffoquer. Un agent m'interroge.

— Comment s'appelle votre amie ?

— Lili... Lili Hass.

— Où habite-t-elle ?

— De l'autre côté de la mairie, une maison avec des volets bleus et un vieux marronnier juste devant.

— Mais c'est à l'opposé !

— On est perdues.

Lili s'évanouit. L'ambulance aux lumières électriques l'emporte.

— Je peux venir, je vous en prie, elle a besoin de moi !

— Désolé, seule la famille y est autorisée.

— Où habitez-vous ?

— Loin.

La voiture de police me raccompagne malgré mes supplications et mes larmes. Sur le trajet du retour, anéantie, je m'inquiète. Je pense à ma poupée de laine. Filiforme, des yeux brillants comme deux olives noires, des cheveux crépus en boule, une robe à pois bleus, un minuscule manteau gris foncé. Ma petite reine s'éloigne de la vie. Et moi, je baigne dans mon désert froid.

19 h. Le képi sonne, Mamelle ouvre. Elle m'observe, interloquée, ses sourcils se soulèvent et collent en haut du front. Je déguerpis vers ma tanière.

Les coups pleuvent. Fernanda possède cette hargne gravée dans son âme et qui la défigure chaque jour davantage. Les parois de ma chambre se rapprochent et mes jambes s'enfoncent dans le sol. Je m'endors en m'agrippant au mur. Revoir Lili. Lili, Lili. 1, 2, 3,4...

LE LENDEMAIN, MAISON DE LILI. J'ai frappé de toutes mes forces, tambouriné, donné des coups de pied dans la porte en criant,

— Ouvrez… c'est Sarah, s'il vous plaît, ouvrez-moi !

Des sanglots m'ont répondu, effrayants, inhumains, insupportables. La mère coupée nette en deux hurlait à la vie de son enfant. Elle demandait au ciel de lui accorder sa grâce. J'ai bouché mes oreilles et j'ai couru longtemps sans savoir où cacher ma douleur. Depuis, la maison gît seule au monde, noyée dans un torrent de larmes. Après la guérison de Lili, elles ont déménagé, sans me laisser d'adresse.

Un souffle violent et la porte s'ouvre. Mamelle me jette hors du lit. PS : Je m'en fous. Elle me toise en secouant sa carcasse comme une marionnette désarticulée, deux ficelles à la place des guiboles, un ballon pour le bide.

— T'es maudite... cette pauvre enfant, à l'agonie par ta faute ! Baisse ta gueule quand je t'parle... tu dîneras dans ta chambre… cause plus jusqu'à nouvel ordre !

Mon vœu : la réduire en tranches de bacon sous vide. Sur le seuil du salon, j'aperçois tonton, fossilisé dans le fauteuil, la bouche ouverte, une bouteille de rouge en lévitation au-dessus de sa tête. Presque mort si ce n'est ce léger frémissement des narines qui me rassure.

TRISTESSE. Depuis le départ de Lili, les jours se suicident les uns après les autres. Mes larmes ont un goût de hargne et de vengeance.

Fini les vacances. Chaque recoin de notre jardin me rappelle notre joie. L'amertume grouille dans mes veines et désormais je vois des immondices, là où régnait un parc magique.

Cette nuit, la porte de la cave en a pris un coup dans la tronche et moi dans l'âme. Ma tête claquait comme le fouet sur un cheval.

À 9 h, sur le chemin de l'école, l'horizon geignait tel un animal de foire. J'ai rigolé, jaune. Réapprendre la solitude et savoir qu'un ciel meurtrier tire toujours avec de vraies balles.
Les joues et le front maquillés de sang, je hurle à l'entrée de ma classe un AHHHH !!! De guerre. La maîtresse surprise se lève d'un bond, les élèves scandent en désordre :

— Elle est dingo, barjot !

— Taisez-vous ! crie-t-elle, excédée.

Le chahut continue. La figure congestionnée, elle tape du pied et répète :

— Tous en retenue jusqu'à 18 h !

Le silence tombe tel un couperet.

— Mademoiselle, allez vous rincer !

L'école buissonnière, une belle invention. Je galope sans fin et sans retour jusqu'à plus soif. Enfin presque, puisque je reviens pour entendre mon prince, tard dans la nuit.

*« Comment te rejoindre ma chérie ?*

*Te voilà dans une main qui me rend la monnaie. Cette peau délicate me rappelle tes doigts fragiles que j'ai serrés si fort le premier jour de notre union.*

*— Alors Monsieur, vous avancez ou quoi ?*

*Je range maladroitement mes fruits et légumes. Elle me tend quelques pièces et amoureusement, je la frôle, la tiens un instant. Je murmure un : Oh, excusez-moi ! Ce n'est rien, me racontent les yeux verts de cette caissière. Je me sauve tel un voleur de bonheur… Je reviendrai demain. »*

1966. J'AI VIEILLI. Déjà neuf ans. Rebelle, défigurée de frayeur et de violence, mon ombre, un monstre au quotidien, m'observe pour mieux me trahir auprès de ma tante. Je tremble de ne jamais trouver ma place. J'étais une petite fille aimée de mes parents et me voilà aujourd'hui, face à un fauve prêt à me gober tout cru.

Combien de temps encore, dois-je baisser la tête pour échapper à ses grimaces ? Mamelle, cette bête bien-pensante et bien mise, qui se terre dans nos églises aussi miteuses que clinquantes. Elle me gifle à l'improviste, devançant mes rébellions afin d'en tuer le germe. La plupart du temps punie, à genoux sur les pavés, en pénitence, je psalmodie un charabia de phrases mortes. Ses hurlements déchirent l'ambiance et son iris de vipère cherche ses armes dans ma faiblesse.

En regardant une vieille gravure de tata, je m'étonne de sa jeunesse heureuse avec des joues rebondies et son rire d'enfant ; puis cette photo sur une balançoire, les cheveux au vent, enlacée par une de ses camarades, avec la mine éclatante d'une gosse de riche.

Les pupilles rentrées, le sourire en fente, le front bas, elle me surveille depuis la fenêtre de la cuisine. La punition dure parfois des heures. La confession lui assure le pardon hebdomadaire. Au début, mes sanglots nourrissaient deux vieux pots de fleurs morts sans préavis d'abandon, mais depuis ce matin, la rivière est à sec. Reine d'un pays sans nom, je saute dans les bulles de rêves où je m'évade avec mon Prince.

J'existe là où nul autre au monde ne peut me suivre. Et chaque jour, je l'attends et chaque nuit je l'espère.

UN CAHIER sur les genoux, sous la lumière blanche de ma torche, suspendue à l'écho de sa voix, je m'applique à l'encre de mes larmes. Des ronds, des pleins sur une ligne pas toujours droite, des ratures, quelques tâches de doigts sales, du stylo qui fuit. Tonton m'a donné une boîte en fer bleu pour y fourrer mes secrets. Quand le matin s'annonce, j'abandonne mon trésor sous l'armoire métallique et, lorsque la nuit tombe, je les répète comme une prière, pour franchir le mur invisible qui mène jusqu'à lui.

« *Dans cette gare perdue, je me rappelle tes départs en solitaire. Ton sourire éclatant, et tous ces baisers que tu imprimais sur la vitre du compartiment. Maintenant, sur ce quai où les trains ne s'arrêtent jamais, je m'étale sur le passé, alors que tu as plongé dans le futur.* »

Cet alphabet d'amour me rend la plus heureuse de toutes les petites filles.

RECHERCHE. Tonton et moi pèlerinons souvent à la gare. Il reste immobile, assis, le regard écorché sur le panneau des départs. Tandis qu'il rêvasse, je hurle à l'unisson avec le brouhaha :

— Où es-tu ? Mais le crissement des roues efface ma question. Quelques touristes sèment une odeur de vanille ou de mer salée, d'autres, l'air inquiet, les valises sur le côté guettent celui ou celle qui ne viendra pas. Des mouchoirs s'agitent. Certains départs ressemblent à l'espoir ou à la fuite.

Visages fermés, sourires, la grâce et la pauvreté se croisent. Nous devenons tous deux, des voleurs d'émotions à la frontière du voyage.

*Si tu existes, je te trouverai, je sais que tu m'attends quelque part.*

PAR L'ENTREBAÎLLEMENT DE LA PORTE, je les espionne. Tremblante, ma tante, munie d'un mouchoir, sèche une larme nichée dans un cil. Face à la directrice, elle confesse d'une voix grave.

— Sarah est difficile depuis son arrivée en France.

Elle renifle, puis se réfugie dans une profonde expiration. Embarrassée, la Principale ouvre un dossier. Les deux femmes se contemplent.

— Les parents se plaignent de sa violence et de ses… prédictions

— Comment ?

Questionne Fernanda, surprise.

— Elle aurait annoncé que le père d'un de ses camarades quitterait son épouse, qu'un élève volerait ses copains, et j'en passe…

Tata souffle avec une hésitation calculée,

— L'exorciser ?

— Vous plaisantez ! interrompt son interlocutrice, le remède... me paraît excessif… des gamineries… peut-être… mais elle doit cesser, je compte sur vous !

— Le diable emprunte souvent le visage de l'enfance ! S'offusque Mamelle la bigote, à la fin de l'entretien.

J'entends ses pas. Je me précipite et m'aplatis sur ma chaise. Elle se tire en coup de vent. Les mâchoires serrées, je lambine derrière elle, direction la raclée.

Dans la cuisine au teint glauque, entre deux ronds de fumée, sa main m'écrase le poignet.

— T'es une sorcière, avoue-le ?

Son haleine stagne. Si je devais lui donner une couleur, je dirais : verdâtre ; une odeur : œufs pourris. Un coup de fil providentiel me sauve. Elle me lâche à regret. Je galope hors de sa vue, vitesse de la poussière.

Fernanda me devine mieux que moi et si je ne m'envole pas avec mon balai dans le ciel, j'ai la tête en éventail. Je me débine chez les uns et les autres dans ce tunnel interminable, sans même savoir pourquoi. Et puis mon prince, une flamme dans ma nuit, m'attend au beau milieu de rien et ce rien, pour moi, est presque tout. J'aurais pu lui parler de cette onde électrique qui me projette dans leur passé ou leur avenir. Mais après cette confidence, son prochain cadeau de Noël sera une camisole de force, signée *l'asile*.

Avant-hier, c'était Cricri. Un moment brutal quand le père frappe sa maman et lui révèle qu'il en aime une autre. Il part et le garçon pleure, effrayé de cette vérité qu'il ne comprend pas. Il rattrape le papa qui le rassure, *ne t'inquiète pas, on se verra bientôt*. La voiture file. Cricri seul, au milieu de la rue, remonte vite avec un sourire fragile. Face au miroir de la salle de bain, la maman essuie le sang qui coule de son nez, trop noir *pour être en santé*. Enfoui sous ses beaux draps bleus, il se recroqueville en forme de fœtus. Le sommeil tarde pour Cricri. Ce n'est qu'à l'aube qu'il s'endort, une lame dans le cœur.

Quant à la récré, mauvaise, pour venger l'absence de Lili, je lui gueule la maladie de sa mère et le départ de son père, j'entends ses larmes gronder depuis son corps. Un torrent éventre son âme. Je reconnais le hurlement, celui du désespoir, qu'il pousse en courant jusqu'à moi. Le remords me pique à vif. Cricri jure qu'il veut me tuer. Me tombe dessus. Me crache au visage. Puis ses yeux plongent dans les miens. Il dépasse une couche profonde, y découvre mon séisme et mon horizon clair. L'espace d'un instant, il est devenu moi et moi lui. Contre mon cou, il pleure doucement ; c'est un enfant presque aussi vieux que moi. Demain, j'en ai la certitude, nous serons amis. Les mots n'y seront pas, mais il y aura le regard et c'est bien suffisant.

Le soleil fait semblant de briller, *mais pas dupe la guêpe* ! Le jour s'annonce difficile, car Fernanda m'a astiquée de fond en comble. C'est du sérieux, convocation chez la dirlo.

9 h. Me sens coupable, sans raison. Mes poings douloureux se cachent derrière ma robe. J'attends. Mauvaise nuit. Il n'est pas venu, malgré mes appels. Je serre les dents. Ils disent à l'école que j'ai le cerveau débraillé, que je suis zinzin.

La Principale soupire et brouille mes radars. D'un coup, ma respiration s'arrête. Tassée derrière son bureau, elle écrit, rature, se tait. L'ombre d'un instant, je m'évade dans mes rêves ; envie de m'y engloutir et de retrouver mon Prince. Elle me rappelle à l'ordre.

— Quel métier vous plairait ?

Étonnée par cette question inattendue, je crie,

— Danseuse !

Les sourcils circonflexes, elle m'interroge.

— Pourquoi ?

— Pour interpréter l'oiseau blanc dans le Lac des Cygnes !

J'essaie de capter son expression, mais rien ne dépasse de ce visage grisâtre. Elle décoince une phrase.

— Hum… Si vous continuez de frapper et de menacer vos camarades, vous serez renvoyée !

Ma joie s'éteint nette. Le menton sur ma blouse je baragouine :

— Je me défends, quand on...

— Ne répondez pas mademoiselle !

Un silence sourd s'installe, déjà conclu, un silence de dupe, un méchant silence comme il en existe plein. Ma peau me démange. Je me dandine.

— Rejoignez votre classe, deux mois avant un renvoi définitif, réfléchissez-y !

*En rangs serrés, les accusations valdinguent. Mon sort est-il jeté ? Perdu d'avance* raconte le clown, *Good bye Tiny et bon vent.*

GRÈVE DE LA FAIM. Décision prise. Chaque soir, quand elle rentre de la charcuterie nimbée de vapeurs acides et de parfum salé, je lui pose *la question.* Sa bouche se durcit, ses gestes toujours mécaniques se concentrent sur le dîner qu'elle réchauffe. Elle m'ignore, fume, boit un verre de cognac, allume la télé. Puis lorsque ses pupilles tombent sur les miennes, elle reprend son rôle de monstre et je finis en taule. Je cogne, je grogne, me défigure de hargne.

Un soir de mars, après le bénédicité, je décide d'arrêter de manger, bouger, vivre. Le soleil s'est tiré. Le froid macabre et les heures sans projet stagnent à volonté. Triste dans un univers sombre, déserté de sens et de poésie sur une ligne qui ne raconte rien, je m'évapore peu à peu. Fernanda menace de m'envoyer chez les débiles. Un matin, à plat ventre sur la nationale, les bras en croix, je prie pour rejoindre mes parents au ciel. Une voiture manque de m'écraser, dérape. Des gens effrayés crient sur le bord de la route. Le conducteur, hors de lui, me relève malgré mes supplications, me secoue tel un sac de noix et m'emmène au poste de police. C'est un scandale. Un képi téléphone à mes parents. L'orage s'annonce.

Tempête de pleurs, explications. Visites de médecins, tirages de cheveux. Mes larmes rejoignent un fleuve où les poissons flottent la gueule ouverte. En classe, amaigrie, le teint terreux, je m'évanouis. Voyage en vitesse accélérée, direction l'hôpital, la sirène en fait des tonnes. Des blouses blanches défilent, on me pique, on me transfuse.

Ma tante, les doigts moites sur son faux Chanel, suspectée de mauvais traitements rétrécit sa tronche de Joconde. Mon oncle baisse le nez comme un chien galeux. Le squelette remis à neuf, retour à l'envoyeur, je réintègre ma geôle.

Des voix basses s'échappent du salon. Dans ma chambre, les yeux au plafond, j'écoute.

— À cause de toi, j'me tape une vraie vicelarde !

Jon se racle la gorge, toussote.

— T'exagères !

— J'en crève d'ses lubies ! Tu piges c'que je dis ?

Un coup de poing sur la table ébranle la vaisselle.

— Réveille-toi !

John a dû s'assoupir, le foie sur une nappe de whisky, les méninges en arc-en-ciel.

— Ivrogne, tu m'entends, CRÉTIN ?

Des talons pointus approchent. Elle ouvre violemment. Je me tasse dans mon lit.

— Si tu continues, je f' rais d'ta vie un enfer !

Sauf qu'en enfer, j'y suis déjà. Elle sort et emporte avec elle ses vapeurs de choucroute garnie.

ESPOIR. La semaine suivante. Face à la télé, assoupi, tonton ronfle en rythme. Je grimpe jusqu'à lui et le tire de sa torpeur matinale en le secouant. Les pupilles écarquillés, surpris par ma bouille au-dessus de la sienne, il éclate de rire. Sa gorge crache du sang sur la moquette. Le buste en avant, les poumons écartelés, il se bat avec un ennemi invisible. J'ai peur qu'il ne l'avale d'un coup sec. Je file à la cuisine, lui jette une casserole d'eau à la figure et par miracle, la tempête se calme. Le souffle court, je hurle.

— Tonton ! Tonton !

Il s'apaise comme un rescapé revenu au port. Ruisselant, il s'allonge sur le divan. À quatre pattes, je nettoie sa vie qui pénètre le plancher. Une sale douleur lancine ma poitrine.

Je mets sa grosse main rugueuse sur mes joues. Les yeux fermés, il pianote jusqu'à mes cheveux.

— Ne pars pas, tu es mon seul ami et je t'aime !

Après un râle, sa voix faible détache chaque syllabe avec difficulté :

— Je suis une vieille bête solide !

Puis nous restons de longs instants unis, par un silence qui nous berce.

— Aide-moi, je t'en prie, je n'ai que toi au monde !

Ses grands yeux rêveurs sourient et bien qu'il vacille légèrement, il m'enlace.

— J'ai un pote, Sam… Je crois que son épouse donne des cours… enfin quelque chose comme ça ! T'inquiètes pas Tiny !

— Surtout, ne m'oublie pas !

Le soir, dans l'obscurité, face aux saintes miniatures de la commode, je murmure : *si seulement, vous m'exauciez au moins une fois, les prières, ça sert à quoi sinon ?*

MAGUY ROSE. 18 h. 20 septembre. Une odeur de *Bonux, super blanc* plane dans la Casa. Tonton débarque avec la panoplie du ticket gagnant : l'after-shave redoutable, costume du dimanche, col de chemise en acier. Il m'appelle :

— Viens, on a rendez-vous avec un prof de danse !

Je valse à la folie. Mots magiques. Mon sésame ouvre-toi s'accomplit.

Nous franchissons le porche. J'avance avec cérémonie, tête courbée, pour que ce lieu me bénisse.

Ancien gymnase reconverti et divisé en plusieurs salles, nous cherchons celle qui se nomme Chopin. Nous entrons. Un magnifique plancher, une barre en bois accolée sur des miroirs aussi larges que les murs m'émerveillent. Debout, au milieu se tient madame Rose, grande, osseuse, un chignon gris collé, deux orbites enfoncées, des lèvres fines. Sa voix aiguë articule :

— Venez mon petit, n'ayez pas peur… improvisez quelques mouvements. De la musique ?

— Non.

Je gonfle la poitrine, pense au Lac des cygnes et… je commence. Le cœur en fleurs, je saute, tourne, me roule sur le sol, exécute des arabesques sauvages.

— C'est bon… reprenez votre souffle.

Je tremble. Elle m'observe. Sa décision dure un siècle. Tonton, le rictus élastique, accoudé contre la barre, lève son pouce.

— Grande pour son âge… c'est bien… des longues jambes, des mouvements intéressants… Essayons… son aspect… trop négligé !

Au fond de la pièce, quelques casiers. Elle en fouille un, évalue ma taille et me tend un collant, un juste au corps et des demi-pointes en cuir rose. Ma joie déborde. Hissée vers le bonheur. J'étreins madame Rose jusqu'à l'étouffer.

— Eh bien, eh bien… quel enthousiasme ! J'espère que vous le conserverez longtemps, car mademoiselle, la danse est un véritable sacerdoce !

Son odeur de muguet, sa démarche particulière et ses bas de laine grise d'ancienne ballerine classique graveront à jamais ma mémoire. Maguy, *je vous aime pour toujours.*

Total secret avec mon oncle. Les leçons se pratiquent avant le retour de Cruella.

ESCLANDRE. 1967. Mamelle a eu vent de mes cours par une de ses clientes. Furieuse, elle quitte son commerce à 17 h. Le fils du boucher, son second, fermera le magasin à 19 h. Elle avance d'un pas cadencé.

Elle marmonne : *que ça ne va pas se passer comme ça ! Avec cette conne, cette fois, elle prendra la bonne décision : l'interner.*

Le souffle court, elle monte les marches deux par deux pour évacuer sa rage. Elle ouvre la porte sur une ribambelle de gamines toute de rose vêtue, qui tournoie, saute, pendant que des mamans sur un banc, s'émerveillent des prouesses de leur progéniture. Tout ce petit monde, la pianiste incluse, bouche bée regardent dans sa direction. La colère de Mamelle se rabougrit sur le sourire du professeur, sa meilleure cliente.

— Merci de nous avoir confié votre jeune fille, elle est très douée !

Ses pupilles se dilatent, l'autre enchaîne rapidement,

— Aurons-nous le plaisir de votre présence au gala de fin d'année, suivi d'un cocktail réservé aux personnalités ?

Son cerveau balance entre moi et son interlocutrice. Je fixe le sol. Fernanda, ravale son venin, bégaie *un oui, je verrais avec mon mari.* Dans la rue, elle avance en quatrième vitesse. Ses talons fracassent les pavés. Comme une souris, un bout de gruyère entre les dents, je cavale derrière elle en zigzague et pétille des bulles à l'infini.

# CHANGEMENT

Je change. Le décor s'allume et moi avec. Malgré les nombreux sarcasmes de la vieille, je m'incline et, l'air contrit, je murmure un : *Pardonnez-moi mon Dieu d'avoir offensé ma tante,* qui l'exaspère niveau maxi. À l'école, je planque mon caractère. En classe, les élèves se foutent de moi, alors je me déguise en ombre chinoise et se moquer d'une ombre c'est comme se bidonner d'un poisson rouge, c'est con. Leurs mimiques si prévisibles me donnent envie de rigoler, mais je réserve ça pour [iii]« Groucho Marx ».

Chaque matin, je n'ai qu'une hâte, danser. Le délire est fini. Je rejoins le statut de normalité. Je me fonds aux avortons de bourgeois sages et bien mis. Ma rage a changé de cap.

Même si Lili me manque, les leçons désamorcent peu à peu ma colère et je lévite au-dessus de ces nombreux rongeurs. Le miroir toujours aussi fantasque me fait des œillades.

18 h. Le cours commence. La barre. Exercices d'assouplissement. Je m'applique, les lèvres en demi-lune, je porte un diadème imaginaire et décroche le cou de mon buste. Je m'écartèle à fond comme un poulet prêt à cuire. La pianiste, une Polonaise au visage triangulaire, tassée sur son instrument, suit religieusement le regard du professeur qui donne le tempo.

*Et plié, remontezzzz, allongé, attention, mademoiselle !* Ses grands doigts osseux nous corrigent en enfilade.

*Première, seconde, plus bas... plus lentement.* Des bols de sueur dégoulinent de nos chairs écarlates.

Deux mois plus tard, Maguy Rose me caresse l'épaule. Elle réfléchit, m'entraîne au centre tel un chiot obéissant. Ma main glisse vers la sienne qu'elle serre. Ne plus jamais la lâcher. Elle porte mon rêve en couleur. Elle nomme chacune d'entre nous.

— Tu te mets là, et toi... Sophie, tu iras sur le côté. Formez un cercle autour de Sarah, la princesse.

*QUOI ?* J'ai le rôle principal. Ce bonheur inattendu martèle mon crâne. Nos mains enlacées se détachent, la dame s'éloigne, non ! j'ai peur qu'elle change d'avis.

De long en large, face à nos bouilles attentives, elle serpente dans un décor imaginaire et crée la chorégraphie, mon nouvel évangile. *Dégagé, pas de bourré et glissade saut de chat.* Chaque syllabe qu'elle prononce possède la saveur du miracle. Elle trace ma sortie d'Égypte. Ma terre promise. Un goût de paradis s'incruste en moi et carillonne à fond. Suspendue entre ciel et terre, je sème des pétales derrière mon rideau de pluie. Mon escale, la danse, efface lentement les taches sombres de mon regard.

ET LES SAISONS TOURNENT et les premiers rôles défilent. Mon destin culbute. Je brille sous la lumière des projecteurs. Niveau 2, les 8-11 ans. Mon horizon a largement dépassé les murs de ma geôle. Aujourd'hui, mon cœur, cette belle cerise, murit à l'ombre de l'espoir. Et je danse dans mon corps et dans mon âme. Plusieurs commentent : *elle a la bougeotte ta p'tite !* Mon oncle sourit, puis il me regarde avec fierté. Mes étoiles sont minuscules, mais ce n'est pas la taille qui compte, n'est-ce pas ? Veillons à ce que le fruit ne pourrisse pas.

Maintenant, ma démarche ressemble à celle d'un flamand rose, le cou dégrafé des épaules, longiligne tel un fil de fer, j'avance avec de grandes enjambées prudentes. J'essaie de ne pas perdre le cap face aux flots turbulents sous ce ciel psychopathe. Mon destin se trouve entre deux lignes imaginaires. Sous mes pieds et au-dessus de moi. Si l'une d'elles se rompt, adieu veaux, vaches cochons, et tout le tintamarre.

RUMEURS. Selon un tic-tac lunatique, mon bonheur se pose sur la case : mesquinerie. L'air se raréfie. À la sortie du bahut, une mère d'élève déboule, me prend par le collet et crie.

— Si tu n'arrêtes pas tes mensonges, je te promets une fessée dont tu te souviendras toute ta vie !

Pétrifiée par sa violence, je bafouille,

— Quoi ?

— Comment peux-tu m'envoyer ce torchon calomnieux ?

— Mais je…

— C'est toi sale garce ! vomit-elle en brandissant la lettre.

Sa fille me regarde en biais et d'un flash je devine la supercherie. Elle a écrit « *Toute la vile connaîtra votre horrible infidélité* ».

— C'est votre fi…

La mère continue son bla-bla et me désosse le bras. Madame Nivet intervient,

— Pourquoi accusez-vous Sarah ?

— Cette mioche est une folle, un corbeau !

Profitant d'un moment d'inattention, mes jambes déguerpissent.

— Reviens tout de suite ! hurle la maman.

Essoufflée, j'entre en trombe dans la cuisine et me précipite vers tonton

— Je n'ai jamais rien envoyé !

— Bien sûr ma chérie, me réplique-t-il sans savoir de quoi je parle, balayant ainsi toute ma tristesse.

18 h. Les rumeurs se portent bien. Sur le seuil de la salle de danse, j'attends immobile. Madame Rose arrive, le sourire bienveillant. Le mien ressemble à une misérable chose.

— À la barre, dépêche-toi.

Sophie grimace. Ses lèvres se tordent. Elle déteste sa mère, car le boucher la bécote dans l'arrière-boutique. Elle les a surpris. Elle n'en dort plus. Désespérée, l'enfant se venge d'elle et de moi, *voleuse de premier rôle.*

Pendant ce temps, la femme se rend à la charcuterie et s'exclame au milieu des amateurs de saucisses.

— Madame, tenez votre fille, sinon, je crois être capable du pire !

Fernanda, derrière sa caisse, bouche carrée par l'étonnement lui affirme, solennelle,

— Ne doutez pas de la sévérité de sa punition !

L'autre s'apaise. Les clients lui apportent leur soutien d'un hochement de tête compréhensif. Elle repart la face et le chignon défait. Mamelle ferme la boutique. À peine arrivée, tel un sac de patates, elle me balance dans la cave.

— Tu sais pourquoi…

La colère ambiante tourne la rumeur en vérité. Des lettres fleurissent un peu partout. Un gigantesque open-bar de la dégueulasserie vient d'ouvrir ses portes.

Mon oncle déserte *le Bûcher* pour éviter une bagarre. À la moindre remarque, il dégomme, il les a prévenus. Il gonfle son torse royal, serre les poings et parcourt l'assistance d'un œil suspicieux. À sa vue, les chieurs se ratatinent sur le comptoir telle une grappe de piafs morts.

Je marche maintenant tête penchée à la manière d'un philosophe. Mon destin se trouve autre part, et j'y grimpe le cœur haut. Après de nombreuses plaintes, la police y fourre son nez ; l'envoi de lettres anonymes s'arrête. Les miracles existent, mais dans ce cas-là, Dieu n'y est pour rien.

DEUX ANS PASSENT. Mamelle monte souvent au créneau. Quand ses pupilles tiquent et que sa main veut frapper, je bredouille : *tendez l'autre joue à votre ennemi*. Ses doigts retombent à plat comme une mauvaise blague. Je lui balance : *Dieu vous le rendra*... et je jubile à fond de voir sa vieille tronche de pétard mouillé.

Les mioches chuchotent sur mon passage. J'avance parmi eux, hautaine et condescendante.

*Moi, mon destin s'accomplit ! Vos histoires de guignols, je m'en tape. Seule la danse, ma nouvelle religion, me chahute. Et puis, n'oubliez pas, mon Prince m'attend au détour d'une gare. Alors, circulez, bande de nazes !*

Désormais, je me devine en couleurs et en nombre d'étoiles. Mon cœur, ce doux jardin boisé, vole tous les nectars des fleurs « Guéris, ressuscités » chantent les curés à la messe de Pâques, moi, je le répète tous les matins maintenant depuis deux ans.

Cramponnée à mon rêve comme un aigle à sa proie, suis admise au concours de la « Scène Française ». Les jambes tremblantes, sur l'estrade, je reçois timidement le diplôme de premier prix. Le feu d'un volcan jaillit dans mon crâne et bloque ainsi tous les mots dans ma gorge. Après des applaudissements, un rictus craintif, une photo avec le jury, je rejoins mon oncle telle une super vedette. Au retour, je hisse mon drapeau au firmament du ciel.

LA SUITE. École du spectacle. Paris. J'obtiens une bourse. Notre charmante famille s'étale en première page de la gazette de la ville « Une étoile est née dans une choucroute garnie ». Monsieur le Maire, les notables et tous les participants du concours conviés au cocktail de Maguy Rose s'empiffrent : champagne, saucisses, petits fours à gogo.

Mamelle rayonne. J'exauce son vœu : dégager de son périmètre. Elle porte sa magnifique robe en dentelle de Calais et ses perles précieuses. L'espace d'un instant, je la trouve belle. Jon sourit aux anges. Mon professeur m'enlace avec tendresse. Chaud le bonheur comme les marrons en plein hiver ! Au bahut, auréolée, je m'agrafe une tronche de première de la classe. Une lueur est apparue, au début faible puis elle s'est rapprochée douce et vive. On dit souvent que « Les ténèbres meurent au contact de la lumière », j'y crois maintenant. Quand l'espoir s'installe, l'épouvante se tire.

La renommée de Maguy s'élargit grâce à l'article du Quotidien. Elle ignore qu'elle me sauve la vie.

Je séjournerai chez sa sœur Mariette. Elle habite près du conservatoire. J'ai plié mes vêtements et rempli ma valise. Ça aurait dû être un moment de réconciliation, mais la nature de chacun revient parfois au point zéro. Mamelle m'a postillonné :

— Ça m'étonnerait que tu y arrives, avec ta gueule de poissarde !

J'ai frémi, croisé les doigts pour conjurer le mauvais sort, rangé mon air narquois. Je lui pardonne, car j'ai *Vu sa descente aux ténèbres*. J'emporte quatre photos : celle des saints qui m'ont exaucée, de tonton, de Mme Rose et moi sur le podium du premier prix. Je n'oublie pas mon cahier et la torche de mon oncle dans la boîte bleue qu'il m'a offert.

LE MATIN DU DÉPART. Le petit déjeuner. Calée au fond de ma chaise à la table du salon, je pose ma tartine. Le menton dégoulinant de confiture de fraise, je m'essuie d'un revers de manche.

— Explique-moi pourquoi tu as quitté Sheffield ?

À cette question, systématiquement, tonton fuit dans sa tanière, la chair ramollie, sa bouteille en pendentif. Aujourd'hui plus fragile que d'habitude, j'ai *Vu* dans son regard cette peine qu'il trimballe à perpétuité. Une souffrance telle, que les mots ont péri dans son secret. Cette vision effroyable m'a donné la nausée.

— Laura t'a aimé à la folie… Dans un monde parallèle, tu as annulé ce rendez-vous et vous vous êtes mariés.

Jon, tremblant, pose sa tasse de café. Laura, son premier baiser, sa première tendresse, sa muse. Un long moment s'étire avant qu'il me regarde,

— Quand ?

— Je ne sais pas, mais vous étiez ensemble pour toujours.

Il a rajeuni d'un coup.

— Si seulement… Comme ta grand-mère anglaise, tu franchis les passerelles de l'autre rive.

— Comment ?

— Tu vois le passé, l'avenir. Ta mamie souffrait beaucoup de ce don. Elle me disait :

*« Voyager dans l'univers, c'est vaciller entre ciel et terre, c'est regarder sans paupières les évènements advenir, condamné et libre à la fois. Les dés jetés, par qui, comment, où ? As-tu déjà rêvé le cerveau ouvert, car je n'y com-*

*prends rien. Je zigzague sur le verre épais, irrégulier du temps. Il modifie son allure et sa forme derrière une vitre opaque. C'est un mauvais ami qui conduit votre corps, le défait et l'oblige à descendre ou remonter là, où il ne voudrait pas. »*

— Alors c'est génétique ?

Il soupire.

— Approche, ma Tiny girl,

Mes bras autour de son cou, lui de ma taille, nos larmes ruissellent au milieu des taches grises de la toile cirée.

Tonton boit son chagrin chaque instant. Toutes les bouteilles du monde ne suffiront pas à étancher sa peine. Elle l'inondera tant qu'il sera loin de Laura, sa fiancée.

La gloire passée de mon oncle se résume en une seule chanson exceptionnelle et un public versatile. Au détour du succès, délaissé par des médias rajeunissants, sa gorge s'est éteinte d'un claquement de cordes. Le cœur à l'envers, il a repris pavillon pour flotter au quotidien dans un océan de whisky. Errant dans ses souvenirs, trahie par ses rêves, son âme décline chaque jour lentement à la lueur d'une époque oubliée. Il faut un ange pour mener à bon port un destin, certains n'en possèdent pas, soumis au hasard de la poisse qui se penche sur eux d'un peu trop près.

ADIEU. Tout se termine à l'heure de mon départ. Ma prison s'évanouit et laisse le dragon périr de sa noirceur.

J'enfouis toutes pensées sur cette commune sournoise, ces rues sans couleur et sans âme. Balayé d'un bloc. L'enterrement se passe à la gare. Le quai se referme sur eux quand mon oncle me hisse en haut des trois marches de l'engin qui ronfle d'un voyage imminent. On ne retiendra comme image que mon dos penché vers l'avant et celui de Jon bien droit qui me tient la main. Nous courons vers la liberté, moi je le sais, mais lui l'oubliera.

# PARIS

Au milieu des conversations d'adultes et des rires d'enfants, mes yeux se vautrent sur la vitre du wagon. Nature, villages, fils électriques. Ce défilé de tunnels obscurs, de lumières changeantes, de paysages brumeux m'éloigne de cette ville et me peint un autre contour. La frontière du Nord signe un mur infranchissable entre le passé et l'avenir. Je fixe l'horizon d'un ailleurs qui m'attend. Mon esprit se réchauffe. La joie sent bon. Tonton me manque déjà, madame Rose nous rendra visite à Paris, elle me l'a promis. Un Nouveau Monde se construit autour de moi.

Une amie de Mariette, tout en chair, m'accueille en bas du train avec un rire de gagnante. Elle me décharge de mon baluchon. L'aventure commence dans le métro. *C'est l'heure du rush !* me crie-t-elle. Tamponnées à chaque station, telles des boules de billard par le flux de la foule, nous chavirons dangereusement. Sa main me tient fermement et me donne envie de rester longtemps dans cette rame. Elle ruisselle et souffle bruyamment, je lui souris bêtement, parce que je l'aime déjà.

Situé au 7e étage d'un immeuble ancien, je l'appelle ma petite room blanche. Un lit, une lampe à l'abat-jour orange sur une minuscule table de bois marron, une armoire qui se fond sur des murs couleur dentifrice. Une large fenêtre s'ouvre sur l'infini. Des draps à fruits rouges. Une pure merveille. Une odeur de savon plane et m'infuse de la force. Les mois qui se traînent, mes étés qui jamais n'ont fleuri, périssent enfin. Ma vie bascule aujourd'hui. Quand Mariette, la sœur de Maguy, m'interpelle, une vieille dame aux traits lisses cerclée d'épais cheveux noirs.

— Tout va bien, mademoiselle Sarah ?

Mon calme la rassure. Irréelle, tout en blancheur dans sa robe de coton neige, radieuse, elle a dû s'échapper d'une image biblique. Je m'approche trop vite, son sourire a peur, se ferme. Ses grands yeux noisette frémissent. L'inquiétude monte lentement et me fige d'un bloc. Tendue, je crains de briser cette légèreté.

En état de veille, je recule, mais elle s'avance... *Tout se passera bien mon petit !*

L'agenda s'écrit sur un tableau noir.

7 h. Réveil.

8 h. Petit déjeuner. Café toasts beurre et confiture.

9 h. École.

14 h. Cours de danse.

18 h Devoirs.

20 h. Dîner. Vaisselle et surveillance à tour de rôle.

Courses et ménage contre de l'argent de poche. Une aubaine. 15 francs, une fortune.

22 h. Option : lecture.

23 h. Extinction des feux.

Télé le dimanche, jeudi après-midi. Selon le programme : *La bibliothèque rose. La comtesse de Ségur. Zorro. Belphégor.*

La joie me contemple et m'imprègne de son ardeur. Ce bien-être me répare un peu. Le soir, Mariette ouvre ma porte, écoute ma respiration, referme doucement et glisse dans le couloir en laissant une odeur de lavande. Je reste aux aguets dans cet univers qui se prend pour le paradis. Se peut-il qu'elle incarne un ange et que je sois morte ?

MA TROISIÈME VIE. Prend des allures de souffrance. Les mois passent et je serre les dents. Les professeurs devant cette bousculade d'élèves affichent un air intraitable.

La compétition sort ses griffes : être la meilleure quitte à en crever. Les illusions valdinguent. L'amitié reste une idée floue. Ma rivale, niveau excellent, ressemble à Blanche-Neige, un sourire gravé d'une oreille à l'autre. Devenir sa copine, tu parles ! son éclat me brûle et m'éteint net. Elle a volé l'aurore et la lumière, moi la tempête et le feu. Quand elle danse, je crois l'entendre chanter :

*Un jour mon prince viendra.* Walt Disney en gros plan. Le bonheur lui colle à la peau. J'ai hérité de la fée Carabosse qui construit mes doutes et mon échec futur. Pendant les cours, je me rebelle contre tout et rien pour me sentir exister.

Igor Glowsky, mon maître, me crie à la sortie de classe.

— Ton enfer met-le au service de ton art ! C'est ton âme qui danse ! Raconte-nous ton histoire avec tes arabesques !

Igor, une silhouette sculptée dans l'effort, des yeux bleu vif enfoncés dans un visage anguleux balayé d'une masse de cheveux clairs, mi – longs. Son accent russe dévale depuis les montagnes de l'Oural. Il m'a deviné. Entre chiens perdus on se renifle. Je travaille à m'en dissoudre les poumons. Je répète à l'infini. Igor me surveille, me corrige, m'insulte. Certains pleurnichent, moi, aucune larme ne franchit un cil.

La douleur me cisaille le ventre. Sur pointes de jour comme de nuit, mes pieds meurtris ressemblent à des bouts de viande. J'abats chaque doute, la fièvre au service de ma hargne. Rien ne doit s'interposer. Les hurlements de mon corps emportent ma trouille. Trouver le geste, la position juste, la perfection envers et malgré tout. Découvrir l'absolu par la répétition et vivre un moment de grâce.

Certaines élèves s'approchent, je panique. Le sang agite mes tempes. Je me détourne, murée dans une attitude distante. Rien à dire ni à partager. Le silence revient. Je relève le nez, personne. Bientôt, les spots s'éteignent un par un. Je rentre. Le trajet se répète. Un bus bondé. Un éclat de soleil ou un ciel mitigé se mêle à la foule indifférente et moi, je baigne dans la joie.

Ma boîte porte-bonheur, planquée sous le lit. Trop précieuse, trop indispensable pour la perdre. Un peu de sable de ma cave s'agglutine au fond. Mon stylo laisse de fines traces bleues tentaculaires sur la couverture du cahier.

Dans le secret de mes nuits, je récite tout bas tes phrases, jusqu'à les savoir par cœur. Je me les répète comme une prière pour que tu reviennes. Rien depuis mon arrivée. Tu me manques.

LA CAVE DE MARIETTE. J'ai voulu la visiter. Mariette me demande :

— Pourquoi ?

J'ai dit…

— Juste voir...

Elle répond.

— Pleine à ras bord, je t'assure !

Elle m'accompagne au sous-sol, incrédule. Ouvre la porte sur une pièce en ciment, saine, remplie de cartons entassés avec des noms, adresses, références d'objets divers. Je la supplie : laisse-moi, s'il te plaît.

— Dis-moi ce qui se passe ? L'inquiétude dévore sa voix.

— Dix minutes, pas plus !

Je ferme l'interrupteur et retrouve la nuit, l'humidité. Me colle au mur. L'entendre à nouveau. L'émotion me garde éveillée. La boussole du temps s'évapore. Un paquet d'air me gèle la peau, j'en perds l'équilibre. Ma respiration souffle dans un tunnel puis une autre se joint à la mienne, au début à peine audible, puis de plus en plus puissante. Je reprends espoir.

— Où es-tu ?

— Maintenant, ça suffit ! Mariette tambourine à la porte. Réveillé en sursaut, mon esprit dégringole de son perchoir. J'ouvre, livide. Elle s'exclame,

— Mais, que fais-tu dans l'obscurité ?

Je bondis et file m'enfermer dans ma chambre. Comment lui expliquer ?

L'ADOLESCENCE.

*Le soleil a rendez-vous avec la lune, mais la lune n'est pas là et le soleil attend !*

Charles Trenet se tord en deux avec sa rengaine, moi pas. Comment te rejoindre, toi, dans un lointain marécageux, moi ici, jetée au fond d'un contretemps. Trouver le bon chemin. *Protège-nous et que la nuit te ramène à moi.*

Mes paupières battent la cadence entre ces quatre murs sourds aux bruits extérieurs. Cette quête devient un grimoire dont les pages s'effacent au fur et à mesure que je glisse le long des heures. À 13 ans, pour la première fois, je fume cigarette sur cigarette. Moments de cendre et d'appréhension.

*M'échapper de toi, de ce besoin insensé qui me précipite vers la folie ou la désillusion.*

Existes-tu réellement ? Vais-je me réveiller à Sheffield et reprendre ma vraie place ? Suis-je l'héroïne d'un conte de fées, dont la fin dépend d'un auteur cruel ?

Le soleil d'août a disparu. Allongée sur le sol, j'ai profité gratis de ce miracle par la grande fenêtre de mon nid parisien. Ses rayons gavaient de chaleur chaque parcelle de ma peau. Septembre se pointe, tiède et changeant.

Admise dans la classe supérieure avec les compliments des profs. Bonheur total. J'ai noirci trois pages d'un cahier avec un *je suis heureuse.* Pourtant, tonton me manque beaucoup. Il m'écrit et me téléphone presque chaque mois. Madame Rose est venue deux fois chez sa sœur cette année, avec des gâteaux, des fleurs et du chocolat.

J'ai grandi comme une girafe, deux têtes de plus que la majorité des filles. Mon corps s'éloigne de moi. Il change. La puberté. Une saloperie. De nouvelles formes se dessinent. La poitrine pointe, une mare dégoutante s'invite chaque mois pour me tordre les boyaux. Un vampire à domicile. J'ai cru me vider. Ça coulait le long des jambes. Une vraie gourde. Dans la rue, une dame m'accoste.

— Mademoiselle, votre jupe est tachée de sang !

Quoi, une maladie, un mauvais sort ?

Livide, j'ai couru, priant pour une guérison miraculeuse. Mariette a souri, m'a expliqué. Suis restée de méchante humeur toute la journée d'avoir à supporter cette tare jusqu'à plus d'âges.

LE NOUVEAU. Daniel vient d'arriver. Un Noureev en herbe. Très grand malgré ses 13 ans, son port de tête, son physique de Dieu grec ternissent tous les garçons. Les filles, des crétines, jacassent en s'irradiant d'hormones sur son passage. Il plaisante avec brio et propage une ambiance torride dans les cours. Même Blanche-Neige, la prétentieuse lui plaque un rictus à tomber. Comme une évidence, ils seront partenaires pour *le pas de deux*.

L'ANNÉE SUIVANTE. À la sortie du cours, Daniel, *la star,* m'invite à prendre une glace. Plantée au milieu de la rue, la bouche niaise, le visage écarlate, j'ai répondu *oui*.

Instruit par sa grand-mère, une ancienne danseuse des ballets du Marquis de Cuevas, il connait un tas de trucs sur les concours, les chorégraphes. Une armée de bouquins à lui seul. Un jour, il m'a avoué, *j'aime ton écoute... ta discrétion.* Lui parler de quoi ? Ma passion idiote pour un spectre ? De mon enfance, coincée entre un alcoolique et un cul béni ? Lui seriner : *pauvre moi,* en me tambourinant le poitrail ! J'en ris moi-même sous mon masque de chair. Se taire, bien plus glorieux !

Pour un peu, les copines me feraient des courbettes. Me voilà en vogue les gosses ! Blanche-Neige se la joue moins méprisante… Son sourire a rétréci d'un cran.

Mes points s'additionnent. En plus des bonnes notes, en cours, au premier rang, j'exécute les pas à la place d'Igor. Le torse en avant, j'y vais avec cet air chiant de première de la classe. Touchée par la grâce. Je rentre définitivement dans un monde limpide… de faux semblant.

1973. LES ANNÉES DÉFILENT. Les fées restent favorables à Daniel. Il me sert d'étoile. Malgré mes rires nerveux, à ses côtés, je lâche peu à peu tout contrôle. Magnifique étalon, au sens propre comme au figuré, cavaleur brillant, sa beauté désarme les jaloux les plus récalcitrants. Il préfère les hommes, j'ignorais que l'amour physique existait entre eux. Mon éducation sentimentale marche pas à pas. Nous traînons souvent en fin de semaine.

— Tu as un fiancé ?

— C'est toi ! je lui réponds en riant.

— Moi, pas consommable pour une fille…

— J'en ai laissé un chez moi dans le Nord.

— Comment est-il ?

— Vieux.

Pourquoi me confier ? La peur qu'il se moque, me prenne pour une folle, m'en empêche.

Au seuil du DIABLE DES LOMBARDS, le bar à la mode, l'antre des célèbres Drag Queens, il parade, déclame ses bonjours et ses adieux, tel un acteur, saluant avant même que l'audience l'applaudisse. Il drague et moi, l'idiote, je glousse en *commentant.* Quand il disparaît sur un éclat de rire, la plupart du temps avec un petit blond potelé, moi, je vagabonde au hasard de la ville. Les boulevards me racontent leur passé. Les murs sales me parlent de poubelles et la foule de pauvreté et de fatigue.

Lorsque je rentre vers 21 h, en retard, Mariette m'accompagne d'un visage triste. Sans un mot. Je comprends. Comme une évidence. Sa gentillesse m'apprivoise. J'ai honte. *Jamais après 19 h, je promets.* Elle cligne. J'acquiesce. Cet accord silencieux nous apaise. Elle me chuchote des directives que j'accepte sans sourciller. Elle possède un bout de mon cœur. La douceur, une arme bien plus redoutable que tous les cris, les coups et les fusils du monde.

# GERMINATION

L'automne. Alors que les arbres se déshabillent de leurs feuilles, moi, je germe. Un besoin inconnu pousse en sourdine, squatte mes tripes, détient les rênes de mon cerveau et s'impose sans vergogne. Un salopard qui me triture les méninges. Un de plus.

Maintenant, j'ai faim de toi. Les idées troubles, la gorge humide, le sexe bavard à perte d'horizon. Ma pendule interne tourne sans aiguilles. Les secondes s'élargissent, les minutes se tassent et mes repères foutent le camp. Courir au bout du monde et refouler cette obsession vorace, par un ménage de circonstance. Douche matinale glacée, gant de crin. Je frotte jusqu'au sang pour calmer la chaleur de mon ventre. Je ressors radieuse, *dents blanches, haleine fraîche.* Mon visage colle aux images de pub.

Je me désespère à t'attendre. Nulle à chier. Alors je danse devant le miroir, je me trémousse aux caprices du désir. Ma chair bat la cadence. Mes mains étreignent ton ombre et mon pouls s'enroule autour. Hurler pour que tu m'écoutes enfin… Quelle blague ! Je redoute la vérité. Une illusion, un tour de magie, une histoire de gamine ? Existes-tu ?

Toutes les marées et les vents n'y peuvent rien. Les étoiles doivent s'aligner pour que la rencontre naisse, mais dans celles qui brillent, certaines sont mortes depuis des millions d'années.

LES CONCOURS PRESTIGIEUX se précisent. Répétitions sur répétitions. Des mois pour une chorégraphie de trois minutes. Gare à l'échec !

Igor rugit comme un fauve,

— Des marionnettes ? Des pantins ? Incarnez votre personnage, réinventez-le ! Donnez de votre âme ! Des questions ?

Silence à 360 degrés.

— Finis la rigolade ! Bossez ! sinon, hors de mon cours !

*Hé doucement Maître, on crève !*

La salle grince. Les murs se gavent de notre sueur. Tout ruisselle dans ce lieu de corps surchauffés qui plient, sautent, tentent d'attraper le ciel. La musique plaque sa mélodie. Les notes de piano résonnent, aiguës, répétitives. Cette compétition ressemble à l'Everest. L'endurance cherche mes limites. La douleur s'impose et rappelle à l'ordre. Craquements des os, tendinites, inflammations. Ne plus sentir, se détacher. Chauffer les muscles, les détendre, les bichonner comme de braves soldats. Un combat pour masos confirmés. L'angoisse frappe à ma porte : *si j'échouais... quel avenir, quel but ?* Le trac dégage un brusque arrêt du sang, il compresse mon cerveau. J'appréhende l'accident, la faiblesse, la chute. Se perfectionner, atteindre le lâcher-prise. Surtout ne rien laisser paraître... S'afficher en gagnante. Quand Igor sourit en direction d'un élève, un frisson de plaisir parcourt l'heureux élu et un de jalousie pour les autres.

MENSTRUATIONS. Chaque mois, cette chienne d'ovule en manque de sperme, se venge par un long filet de sang à gogo et cloue mon bide aux quatre points cardinaux. Les seins gonflent, deux ballons minuscules que j'emmaillote fermement dans une bande Velpeau extra large. Quelle guigne ! La hantise : la tache sur mon déguisement couleur bonbon, et mes règles durant mon passage sur scène. Le soir, la langue inerte, les paupières brûlantes, je m'affale comme un gros paquet et m'abandonne au fond du lit.

CIGARETTES.

Entre les cours, nerveuse, je fume cigarette sur cigarette. Hier, Daniel furieux m'a lancé,

— Arrête avec tes conneries, tu pus la clope… insupportable, dégoûtant ! Regarde-toi, grise comme une vieille !

Le clignotant passe au rouge. J'ai stoppé net. La carcasse en berne, le matin désormais, je brosse chaque pore de ma peau, de mes cheveux, je m'épluche à fond. Le grand nettoyage de cendres.

LE BAR DE MONSIEUR CHOUX.

— La passion, ça ne te fait jamais grimper assez haut, il t'en faudra encore... jusqu'à en crever. Tout ça pour quoi ? Un accès au paradis sur terre, mieux que la religion. Et on s'en fout si ça t'casse le cœur, les os, le crâne, on se dilue dans un rêve qui te chausse grave. Davantage que l'héro, la beuh ou le reste…

Toi, tu te tapes le firmament dans les méninges. Mais attention de ne pas te briser… ça coûte CHER...

Me souffle un danseur décrépi après son troisième shot. La cinquantaine fatiguée, les doigts crasseux, mais l'œil habité, il traîne au bar de Mr Choux, proche du centre. Le rendez-vous des artistes en tous genres. Discours enfiévrés, vocalises, rires, une détente à petits prix. Avec Daniel, limonade au bec, comme des crétins, on hurle à chaque point marqué sur le flipper. Au fond du resto, près d'un Juke-box, certains roulent des hanches sur des sambas électriques. Entre les senteurs de graillon, de grenadine, de bière et des saucisses frites, on décolle en plan bonheur. Qui dit mieux ?

[iv]GISELLE. 16 ANS. Ding dung dong. L'heure de gloire ou du reflux gastrique. Mes membres fourmillent. L'attente, pire que tout. Une transpiration froide me gèle sur place.

*Profites-en, ça m'étonnerait que ça dure !* raconte mon clown, ce con...

Face au miroir de la loge, j'améliore mon masque. Concentrée, je rajoute du bleu sur mes paupières, allonge l'eye-liner, accentue le rouge de mes lèvres, poudre mon nez. Devenue une momie de spectacle, je vérifie chaque détail, car certains vous crucifient de les avoir négligés. Je m'échauffe à fond. Bientôt mon tour… c'est à moi ! « Numéro 119 ».

J'arrive au milieu du plateau, l'esprit confus. Les projecteurs m'éblouissent. Le jury, au nombre de sept, avachi d'avoir vu cette chorégraphie un milliard de fois, se redresse. Leur ombre menaçante se découpe au fond du théâtre. Tout me semble étranger comme une nouvelle histoire qui commence. Un trac à peine supportable me saisit. Silence. Mon pouls hurle. Il attaque mes tympans. La musique démarre, j'ai tout oublié. Je dois me reprendre absolument, mais mon corps frémit. Le sol traître m'échappe, je perds pied, il glisse sous mes pointes. La rage m'agite. J'exécute un saut qui ressemble à une secousse, un tremblement, mes mâchoires se contractent. Les paroles d'Igor me reviennent.

*Quand le début s'attrape une tronche de sale gueule, y aller, foncer, toujours y croire !*

Un souffle puissant me porte. Ça tient du miracle. Je capte leur attention. « Giselle » m'habite.

Leur flamme se rallume et m'illumine.

La salle se vide pour trente minutes. Les délibérations tardent. Le public revient. Les sièges se remplissent ; le bourdonnement de l'assemblée m'exècre. Je ronge mes ongles comme d'habitude. Enfin les résultats !

Une voix appelle : *Premier accessit, et deuxième prix.* Une à une, les candidates sortent des coulisses, s'avancent au centre de la scène. Je bleuis. Parfois, le premier Prix saute (niveau trop bas). Je flanche, je doute. Mes oreilles en mode craintes et tremblements se hissent.

— Premier prix, Sarah Jones, à l'unanimité !

Mon cœur décuple ses battements face aux applaudissements. Je peine à contenir ma joie. Les embrasser tous. Merci. Merci mille fois. Mon seul regret, l'absence de tonton. Une mauvaise grippe. Demain choisir s'imposera, intégrer une troupe en France ou à l'étranger, s'inscrire à l'audition du conservatoire, peut-être devenir professeur… Ou chorégraphe.

PREMIER RÊVE. Un cadeau de chair intense, avec toi, le premier. Porno, sauvage, sans pudeur. Inespéré. J'exulte à vide. Tous deux, abandonnés au centre d'un espace bleu tiède, nus, nous roulons vers le baiser d'une mer limpide. Tes yeux débordent des miens, ta respiration s'accélère, tes doigts effleurent mon sexe, mes cuisses se serrent.

— Reste, ne me quitte pas, pas encore…

Tu murmures, mais le néant avale tes mots. Alors qu'un souffle cruel me ramène à l'heure où les oiseaux chantent l'aube, moi, je pense : *tu me manques tellement. Reviens vite... Je brûlerais mille vies, si seulement j'étais près de toi...*

LA RENTRÉE. Encore une, décisive, stressante. J'escalade avec rage et brutalité, cette montagne abrupte. Daniel devient mon partenaire pour *le pas de deux*. Fier, mon sourire annule toutes traces de frayeurs et de gémissements internes. M'éclairer de sa perfection reste une gageure, un oracle, une récompense. Son pouls, ses expressions vibrent dans mon âme, sur mon corps. Je corrige instantanément une cambrure inadaptée, un mouvement sans profondeur, un geste qui déclenche un rire moqueur. PS : Blanche-Neige se tape une gueule de jalouse.

Bientôt le concours du conservatoire. Me voilà enfin au niveau. L'année prochaine j'aurai dépassé l'âge.

À la sortie du centre, un poster annonce l'audition pour les *Ballets Felix Blaska*. Chacune des représentations du maître dégage un sang neuf, une modernité chorégraphique. Une vingtaine de têtes s'agglutinent devant le panneau. Ça jacasse, soupire, se bouscule autour de moi. Les mains moites, je note la date sur mon carnet, pile-poil dans une dizaine. Ça clignote en vert dans ma caboche : rien à perdre, tenter les deux. Décision prise, je me présente, mais avant, je cogite une halte chez monsieur Choux.

17 h. J'entre. Ambiance torride. Une bande de danseurs chahute autour du flipper. Un groupe de touristes a investi les lieux. Ça crie, rigole haut et fort en espagnol. Des amoureux se bécotent dans un coin. Bercée par les paroles des « Beatles » », je fredonne « *Because the world is round* ». Au fond du bistrot, je glisse sur une banquette sous un néon *je t'aime,* rose fluo et, maladroitement, bouscule la table voisine. Un livre tombe à mes pieds et classe mes rêveries aux archives. Je le ramasse. Il en exhale un étrange parfum. En une seconde, il m'immerge dans la pénombre d'un vague à l'âme qui me tasse l'estomac sans savoir pourquoi. Je m'excuse.

— Merci mademoiselle !

Répond un individu sans âge, pâle, habillé de blanc des pieds à la tête.

— Vous l'avez lu ?

Je bégaie, fixe la couverture.

— Il n'y a pas de titre !

— En êtes-vous sûre ?

Je la regarde à nouveau. Elle affiche maintenant, en grosses lettres noires : *L'inespérable.*

Mes yeux s'extraient des orbites, mes lèvres s'écartent et mon sang se plaque aux joues.

— Je crois que j'ai besoin d'un verre d'eau ! lui dis-je, confuse.

Tandis qu'il règle sa consommation, je parcours les quelques lignes.

*« Je compte les jours heureux. J'en ai eu beaucoup ces derniers temps, mais la grâce fait si peu de bruit qu'elle disparaît par manque d'attention. »*

Je frissonne. Mon instinct bat à contre-rythme. Je relève les yeux, il s'est envolé. Sur la première page, un numéro de téléphone. Je bondis et me faufile, le cœur inquiet, entre les chaises, éclaboussant de bières et de sodas quelques individus ivres de bonne humeur. Je cherche l'homme *Blanc* au milieu des couleurs de la rue qui grouille. Ma vue, oppressée, se perd dans un tableau d'un autre temps.

Me voilà face au livre. 20 h. Il est là, posé sur la table de chevet, il m'espère, une intuition. Emmailloté sous ma couverture rose, mon bras s'allonge sur mon nouveau grimoire. Je le feuillette, mais les numéros des pages changent au fur et à mesure de mes pensées. Elles se brouillent, s'impatientent, je suffoque. Un oracle *vivant*, est-ce possible ? Je zieute le dico : « *Réponse donnée par un dieu à une question personnelle concernant l'avenir* ». Je reprends ma lecture.

*« Où se trouvent le passé, le présent, le futur ? Ouvre-le au hasard, mais pas plus d'une fois, et tu connaîtras la vérité. Es-tu sûr de la supporter ? Seras-tu capable de poursuivre ta quête jusqu'au bout ? »*

Le mystère me suit à la trace. Mon cerveau cavale à fond et mon cœur fou, dépasse la limite autorisée. La fièvre m'absorbe.

Ma quête : un besoin viscéral. Mordre l'enfer, chanter ta gloire dans un but, te retrouver. Y renoncer me paraît pire que d'y croire. Et maintenant, je zigzague comme une somnambule maladroite, guidée par le fil invisible d'une voix.

Une seule question pour aujourd'hui. Minuit déjà. Les yeux de plomb, je m'endors sur un leitmotiv : t'aimer envers et malgré tout, comme *Don Quichotte* prêt à mourir et à renaître pour son idéal. Ce soir, le destin se prend pour Michel–Ange et me sculpte. Je vibre dans le marbre pour me libérer.

*Chaque minute se décline à tes risques et périls, mais tu l'as toujours su. À défaut de joker, les grands bonheurs se paient d'avance ou à crédit. Aucune certitude de franchir l'impossible sans redouter le trou noir qui menace. À toi de décider.* Commente le clown.

VIOLETTE. Rendre le livre. Numéro sur la première page. 0143657673.

J'appelle, le gosier sec.

— Allo,

— Oui… qui vous envoie ?

— Un homme… en blanc... un oracle… oublié.

— Venez… 15 heures. Mon adresse *75 rue de la roquette Paris 75011. Premier étage face.* La voix raccroche.

Un sentiment de déjà vu, d'insaisissable résonne dans ma mémoire quand je pousse le porche de cet ancien immeuble. Je grimpe l'escalier à reculons. Mes doigts collent à la rampe ou le contraire, je ne sais pas. Sur le seuil, une plaque annonce : « VIOLETTE ». Malgré l'envie de fuir, je sonne. La porte s'ouvre, j'avance la poitrine serrée, le souffle court. Un vieil abat-jour diffuse une flaque de lumière dans la pénombre ambiante.

— Je viens rapporter le…

— Je sais, m'interrompt-elle. D'un geste de la tête, elle m'indique la chaise. Je m'assois face à elle, petite femme ronde, sans âge, recroquevillée sur une nappe en velours vert. Ses doigts osseux pianotent sur la table. Je n'ose dire un mot, l'esprit confus. Elle bascule dans le lointain, le teint jauni par les reflets de la lampe. Elle réinvente mon existence et je tombe au fond de ses pupilles blanches où vibrent les battements de mon âme. Les phrases défilent, fortes, vivantes. Me rassurent ou m'inquiètent, poussent mes montagnes russes au bord du précipice. La glace explose. Pour la première fois, je déballe ma vie. Et nous parlons de secousses et de disparitions. Elle me déchiffre à travers mes silences gênés. Mon regard s'agrandit. Elle a prononcé : tunnel, son nom, le prince. Elle s'interrompt, me fixe. Je m'écroule. Mes larmes jaillissent, dévastent mes joues et libèrent ma parole.

Violette continue.

— Quand l'intensité de votre quête faiblit, différents destins apparaissent plus ou moins favorables. Ne vous retournez pas sur votre passé, vous y seriez engloutie !

Je cogite : lequel ? Celui de mon enfance, je l'ai largué sur le quai d'une gare.

Cette femme chasse ma solitude, disperse mes ténèbres. Bientôt, la clarté occupera tout l'espace.

— La lune et le soleil s'attendent pour se rencontrer. Les mondes se chevauchent, ils patientent pour s'unir à maturité. Le fond doit rejoindre la forme… Le livre, gardez-le !

Elle parle par énigme, à moi de comprendre. 17 h. Elle me raccompagne. Un regard complice, une main tendue et je pars avec l'ébauche du grand retour. Changement de rythme et glissade vers l'avenir qui s'éclaircit. La buée des nuages s'évapore. J'ai gagné mon lundi. Merci Violette, merci Monsieur B.

9 h. VIOLETTE. Malgré mes coups de fil incessant, aucune réponse. Je sonne. Un balafré, la gueule vicieuse, entrouvre,

— Quoi ?

— Madame Violette ?

— Connais pas. On rénove pour l'proprio.

Il me claque la porte au nez, me laisse interloquée, déçue, seule. Quelle fragilité ! entre hier et aujourd'hui, un mur s'est construit et je stagne à la frontière.

RESTRICTIONS. La bouche menaçante, la directrice nous réunit :

— Attention à votre poids. Quelques centaines de grammes peuvent alourdir le geste, la grâce.

À chaque remontrance, elle tape du talon. Les exemples défilent. Éliminée à coup sûr, comme Pauline, une ancienne. La malheureuse, le chocolat lui a été fatal.

— Abstenez-vous d'être une grosse vache qui saute ! a-t-elle prononcé en claquant sa langue sur la dernière syllabe. Quelques copines, amatrices de millefeuilles et de Paris-Brest, baissent la tête, un amas de calories encrasse déjà leur bedaine. Je les plains, *dans la prochaine charrette, à coup sûr !* À vous dégoûter de rire et de danser. Bon, avec moi, ça ne risque pas. Je m'allège en sautant des repas, l'héritage de Mamelle sans doute. La diète affame mon vampire. Aux dernières nouvelles : mort d'inanition le bougre. Mes règles : disparues depuis cinq mois. Génial. Pourtant, je m'essouffle vite. Ça craint. Tandis que le piano martèle son Chopin, Igor, les narines pincées, hurle.

— Toi le squelette à ma gauche !

Personne ne moufte.

— OUIIIII TOUA SARAH ! crache-t-il en me désignant du bâton.

J'avance, pétrifiée, la rate en boule de gomme. Deux lance-flammes me fixent.

— Tu risques la chute si tu ne te nourris pas assez,

— Mais maître…

— Ne m'interromps pas ! et puis j'en ai marre de ta gueule macabre ! Dégage ! pour aujourd'hui, c'est fini pour toi…

Je me taille en ramassant ma honte. Pour ne pas ruminer, j'additionne les kilomètres en suivant mes pieds. La rancœur au bide et la tête prise dans une boîte noire, j'achète un pack de bières. 17 h, je me paume dans une rue sombre. Je croise Johnny un gratteux, désespéré depuis le vol de sa guitare. On s'assoit sur un banc pourri. Entre deux mousses, je joue les victimes. Silencieux, il m'acquiesce les paupières fermées puis se ravise. Deux trous béants s'ouvrent d'un coup.

— ET ALORS ! Ça peut toujours être pire !

La bouche mauvaise il postillonne,

— Bon Dieu ! Moi aussi j'ai eu mon heure de gloire chochotte... maintenant, y a plus qu'les poubelles qui s'paient ma tronche en m'voyant au fond de leurs chiures me dégoter un bout de pain ranci. Et quand j'rigole, c'est pour m'empêcher d'étouffer. Et si je chante, c'est pour m'persuader que demain ma veine reviendra. Mais c'est faux… mon public c'est les gras du bide qui s'fichent pas mal que j'crève au coin d'une nuit qui n'atteindra jamais le jour. Le rouge sur mes loques, c'est pas du *Château neuf du pape*, c'est mon sang qui suinte en dégradé, c'est ma marque de fabrique, mon graffiti perso. Mon jogging c'est quand des mecs qui s'croient des scientifiques, qui m'courent après pour voir si mon rhésus a la même couleur qu'eux ! Mon vestiaire c'est l'caniveau... ma piaule, c'est le vent et le froid qui m'pincent les fesses pour jouer avec ma viande. Moi, j'vis au jour le jour, sans passeport pour l'futur. Quand on est au bas de l'échelle, faut de l'espoir et l'espoir, ça s'achète pas au supermarché. Alors, arrête de gémir et d'approcher la merde !

Il braille

— Dégage ! Il s'agite, halluciné, les bras tendus comme un prédicateur.

— N'te ramène plus ici, sinon tu t'goberas l'enfer pour l'éternité !

Tandis que le son de sa voix résonne encore dans ma tête, je galope à fond dans un dédale d'avenues sinistres. Mon pied heurte un obstacle. Je m'écroule… puis… plus rien.

UN INCONNU. Le vacarme extérieur me réveille. Je me découvre avec stupeur dans un lit à côté d'un inconnu. Mon ventre, mes cuisses s'embrasent. Du sang écaillé strie les draps. Ma peau colle. Des bribes de souvenirs surgissent : le visage flou d'un homme, une bouteille qui se casse, une respiration. Un escalier étroit. Un hôtel de passe qui s'allume sur une chambre glauque. L'éclairage m'éblouit. Ça tangue, une table au plafond, une envie de vomir. Contre le mur, je glousse, ma jupe se déchire, un sexe me pénètre. Je hurle. Sa main me frappe. Mon poing cogne. Le sien réplique. J'étouffe, je m'effondre. Néant.

Je m'habille en urgence. Je prie qu'il ne se réveille pas, qu'il ne dise un mot, qu'il ne fasse un geste. Je dévale les escaliers. Il m'appelle. Mes tympans se ferment, mes jambes courent, hébétées. Pourquoi en suis-je arrivée là ! Je file toujours plus vite, mais mon corps peine à suivre. Les mains autour de mes hanches, je cherche ma boussole. Brisée. Les jours se contemplaient, beaux, parfumés, un miracle. Rien ne troublait cet état. Le bonheur. Simple.

Haletante, le cœur sec, je me glisse dans ma chambre. Mariette au fond de son lit éteint la lumière. Sous la douche, j'efface la saleté de ma carcasse. Répugnante. Mon ciel a pris des bleus. Entre mes jambes, un cri muet. La pulpe de mes doigts tente d'apaiser ma chair avec de l'huile. Le mal continue son trajet. Des démangeaisons jusqu'au sang, la douleur m'empêche de dormir. La brutalité du sexe masculin m'écœure. Ma gorge garde le souvenir de son haleine fétide. Des images me reviennent. Je les chasse immédiatement par un mantra répété en boucle : *sauve-moi, je t'en supplie*... je crains que ma passerelle ne bascule entre les jours que j'aime et ceux que je redoute.

*Le tour de manège commence. Sur la grande roue du destin, rien ne va plus, Sarah joue-t-elle sa dernière carte* ? Fredonne le clown ce matin.

Ma pâleur rejoint le cercle des fantômes. Le sang a déserté mes veines. Face au miroir, abasourdie, je découvre mes côtes saillantes, un arc-en-ciel de taches bleuâtres. Est-ce moi ? Je me déteste. Blessée, en voie de guérison, peut-être ? L'alcool a fait son boulot. L'hérédité... Peu de souvenirs, sauf la douleur qui distord, attaque mon ventre à grande échelle. En boule, je m'enfonce dans mon lit. La fièvre s'organise et grimpe dans la tête. Mariette me trouve étendue sur le sol, les mains sur le pubis, gonflé, rouge. Messes basses avec le médecin, qui s'éternisent. Des doigts me palpent, remontent, fouillent. Je roule de gauche à droite comme une poupée pour adulte, docile. Dans un état comateux entre délires et réalité, je régresse. J'ai à nouveau quatre ans. Mon clown s'assoit sur le bord du lit.

*Tu connais le jeu de l'oie ? Lance les dés : ha ! tu tombes sur la case : les pas retrouvés. Tu avances comme un géant et te voilà sur un chemin béni. Résurrection et Compagnie vous souhaitent la bienvenue. La cloche du bonheur sonne le tocsin. Applaudissements. Bravo ! Joue encore ! Dans la case des pas perdus, tu tires la guigne ! Tremblement, chute et tout le barouf ! Retour à l'envoyeur : errance, solitude, univers cauchemardesques. Dommage petite Tiny !*

Quelqu'un chuchote dans mon oreille, mais ses mots se diluent. Incompréhensibles. Une fatigue d'outre-tombe fige mon corps. Mes paupières pèsent dix tonnes. Besoin de dormir.

10e J. Réveillée en sursaut. Mes pieds au bout du lit me regardent bêtement. Un gloussement nerveux me remet en branle. Bol de soupe. Double ration de protéines.

*Redeviens cette belle princesse mon amour !* chante maman en ombre chinoise.

Je murmure : *vous me manquez tellement... Pourquoi m'avez-vous abandonnée ?*

*Mais ne sens-tu pas notre présence depuis toujours ?* Fredonne papa.

Noir total. Je me retrouve au royaume de Morphée. Ma mère a disparu.

12e J. D'un bloc, mon buste se relève, je crie,

— Les auditions !

Mes paupières clignent tel un pantin de film d'horreur. Mariette accourt, livide. Je comprends. Des sanglots jaillissent. Je repousse sa tendresse. Mon corps retombe à plat. Anéanti. L'année prochaine… trop vieille pour le conservatoire.

— Reprends-toi, arrête de gémir sur toi-même !

Je détourne mon regard.

Elle hausse le ton.

— Allez lève-toi, la vie t'attend !

Mes méninges dérouillent. Je me tape le sept de pique, l'incertitude, le vague à l'âme, suivi du dix… La nuit, les choses cachées. Les cartes s'agitent autour de moi.

— Bouge, sinon ton lit deviendra ton cercueil !

Vaches ces remarques. Ma douce logeuse se dévoile en docteur Jekyll. Des éclairs strient son beau visage, des larmes muettes me fixent. Ses mains telles deux tentacules frappent vigoureusement mon corps froid, inerte. Mon cercle de bonheur s'est taillé. L'ascenseur s'écrase et je gravite au 36e dessous.

AUJOURD'HUI. 11 h. Le regard en oblique et vague, j'observe le ciel rouler ses nuages de plomb. Fini les cartes postales envoyées à Mme Rose. Mon délire de princesse. Personne pour me plaindre. C'est vrai, la poisse ne se partage pas ! Mon starter lâche. De grâce, aidez-moi ! Pauvre Tonton déçu.

La chaleur du soleil réchauffe mes membres douloureux. Je tente de saisir ses rayons qui balaient ma chambre. Des milliers de particules voltigent dans la lumière, autant d'univers qui cohabitent. Je cadenasse mes espoirs au fin fond de l'oubli, malgré tout, ils flottent.

Rien ne m'intéresse. Ni faim, ni soif, ni sommeil. Mes cheveux gras s'affolent sur mes épaules. Le teint cadavérique, je transpire Halloween. Me réveiller, comment ? Ma vie ressemble à un conte pourri qui sent la vase et je m'y écrase de bon cœur. Les minutes s'éparpillent sans vouloir finir. Ma démarche prend l'allure d'une passagère sur le pont d'un navire par temps d'orage. Mon mal m'agrippe comme une sangsue. La bouille lourde, les yeux rougis par des nuits blanches, à hanter mon grimoire, je fulmine. Mon esprit m'a quitté pour fuir mon chagrin. Droit devant, tel un cheval qui galope et avance sans but. Tout donné, tout perdu. J'hiberne, la pupille en dedans, pour échapper au bruit de la ville et du monde. Revenir en arrière, penser au *Lac des cygnes,* m'enfoncer dans mes rêves main dans la main et rester avec toi.

L'internat se termine dans deux mois se désole Mariette. Une nouvelle élève me remplace. J'écrase un soupir. Mon horizon s'étiole. Désormais le mot FIN danse sur moi, « Et maintenant, que vais-je faire ? » me chante en boucle Gilbert Bécaud.

— Arrête de ruminer, tu passeras des auditions comme les autres ! me dit-elle.

Je macère, les oreilles fermées : A, comme abandon, V, comme vagabonde, E, comme essorée, N, comme négation, I, comme impossible, R, comme recalée.

Elle m'enlace,

— Tu t'en remettras !

Je bredouille,

— Je changerai… je te dois bien ça !

— Non, c'est à toi que tu le dois, et puis les erreurs, ça éduque !

Elle attrape mes mains,

— Ne t'inquiète pas, ma sœur Louise accepte de t'héberger quelques mois en échange de petits services : les courses, le ménage, lui lire quelques passages de livres. Elle se réjouit de te connaître. Elle habite au-dessus, 8e étage. À ces mots, mon armure coule sur la table, j'éclate en mille sanglots.

Ce matin, je cherche l'oracle de Monsieur B. Il me trace une direction quand je pars à l'Ouest pour aller au Nord ; mais que dire des 4 points cardinaux alors des milliers d'autres me secouent en permanence.

*À force de me vouloir, tu finiras par me trouver* me souffle mon fantôme. C'est vrai, mais parfois je doute lorsque je me retrouve piégée dans un moment lunatique.

La nuit tombe sur une chaleur écrasante. Par la fenêtre, j'entends Mick Jagger hurler son:

*you can't always get what you want.* Je lui réponds : oui, mais je peux essayer ! J'organise une fouille méticuleuse. Après deux tours de cadran, agacée, la gueule écarlate, j'aperçois le livre, recouvert de poussière, au milieu des autres, les reclus de ma bibliothèque. Je me précipite et l'ouvre au hasard.

Quatre mots en gros caractère : *N'oublie pas ton chemin.* Et pendant que Mick pousse son gimmick, j'essore mon QI en demandant : *lequel ?* Cet oracle fouille mes neurones et je me transforme en mouche aux mille regards qui débattent et m'offrent des centaines de réponses.

Après avoir senti le grand large et les horizons lointains l'espace d'un instant, je m'étale sur le divan, le jeu commence. Armée d'un cahier, je note mes questions.

Mon chemin : t'aimer, danser, mijoter entre deux… autres choses ?

A) Existe-t-il une date, un évènement particulier qui déclenche, retarde ou annule cette rencontre ?

C) Cette union est-elle un élément essentiel au monde ?

Mon crâne se prend pour un grille-pain. Je balbutie un : *qui vivra verra... que ta volonté s'accomplisse...* Pas sûre d'y croire, pourtant j'aimerais bien m'abandonner, tout oublier, lâcher prise, moi, l'alpiniste des moulins à vent.

Quand ta journée s'attrape une tronche de sale gueule, jouer l'hypocrite avec le regard clair des gens heureux.

Au rayon des cœurs brisés, je murmure en boucle : « I can't get know, Satisfaction » des Rolling Stones

Au cours, des visages inconnus et indifférents évoluent autour de moi. Une nouvelle élève la fraise au beau fixe, pique ma place. L'absence de Blanche-Neige admise au conservatoire me retourne la bile. Daniel a intégré la troupe de Félix Blaska. Parti. En répétition. Tout en silence. L'esprit bas, les oreilles en berne, je me traîne jusqu'au dernier rang.

Igor m'approuve par un léger battement de cils. À la sortie, un danseur m'accoste,

— Et alors, des projets ? Puis il ajoute cette phrase à vomir,

— Tu verras, ça ira !

— T'en sais quoi, toi, le morveux ? Sans la providence ou des vrais potes qui veillent sur toi, tu crèves en diagonale et tout le monde s'en fout.

Le mec n'apprécie pas ; la face rouge, il rétorque.

— Je voulais juste t'aider,

— Ah oui, comment ?

Puis, il tourne son corps de crétin pour rejoindre ses questions. Le prof me rattrape en bas de l'escalier,

— Crois-moi Sarah, oublie ton amertume… ça te salit et ne règle rien.

Mon cœur flambe, flatté qu'Igor s'intéresse à moi.

— Allume chaque instant de ta vie, ne laisse pas les volets fermés.

Fichtre ! Igor, *le Redoutable,* fait tilt… mes hurlements s'éteignent. Un *switch off* immédiat. Comme un scarabée sur le dos, les dix mille fers en l'air, me voilà revenue sur mes pattes prêtes à galoper sur l'univers. Et quand je relève le nez, une prière éclaire son regard.

THÉLEPATIE. 2 h du matin. Depuis quelques semaines, le visage Monsieur B. slalome dans mes neurones. Je dérive souvent dans la ville à sa recherche. Avide de réponses, je l'attends. Une envie de chialer me saisit. Rien ne coule. La rivière est à plat. J'allume. Ce rectangle jaune lumière me calme. La vue de mes objets familiers chargés d'émotion m'apaise tel un nouveau-né devant sa tétine.

J'éteins. Cette fois, la nuit me porte, m'enlace. Je me concentre, *je télépathe*. Malgré mes sauts dans le temps, j'évolue comme la passagère d'un avion, ignorant comment piloter.

Je me souviens du futur de Fernanda, de ses hurlements insoutenables. Presque anéantie par cette noirceur, j'ai pensé : plus jamais. Le diable jouait aux dés avec les ténèbres, tandis qu'elle l'appelait, attachée sur sa couche. Cette vision m'a hantée trop de temps.

Ce soir, je fous le feu à ma promesse. Je tombe dans un bouillon de syllabes à peine audible, d'images fragmentées qui ricochent entre elles. Le tapage de l'extérieur recule. Les secondes s'envolent en gros paquets. Mon souffle se régularise, pourtant un malaise m'envahit. Une étoile glacée se fracasse dans ma chambre. Un gargouillement diffus s'accroupit dans ma cervelle, m'épuise, m'endort.

Les paupières huileuses, face à la fontaine des tuileries, je somnole, collée sur ma chaise. Le soleil crache une chaleur à faire fuir un chameau et je ruisselle tandis que ma gorge en pénitence se ratatine lentement. Viendra-t-il ? Le jardin désert à cette heure-ci ressemble à une vieille gravure qui s'efface comme moi.

— Puis-je ?

Je sursaute. Une silhouette en contre-jour se découpe dans le ciel. Éblouie par la lumière, je peine à la distinguer. Elle s'installe à ma droite avec la légèreté d'une ombre. C'est lui. Monsieur B me détend comme une escale au paradis ou une pause entre deux colères tristes. Son sourire découvre une allée de dents blanches à l'infini. Une autoroute de paix à parcourir. Il me dit :

— Les vies s'entrecroisent, mais nous manquons d'attention en général.

Une main tendre se pose sur la mienne,

— Consultez-vous l'oracle ?

Déshydratée, je grince,

— Les mots changent, disparaissent… Une seule question : va-t-il me rejoindre un jour ?

Son regard miroite à double face, je serpente au fond du sien, plaintive. Tandis que son silence est profond, le mien fait du bruit. La quiétude m'a quitté avec son poème et les phrases qui rassurent. Je ravale ma salive et scrute autour de moi pour y chercher du réconfort. Mais rien n'arrive. Je murmure,

— Ma rencontre, dépend-elle du hasard, de la fatalité ou de ma détermination ?

Il me répond :

— En regardant demain, tu meurs à aujourd'hui.

Je me sens flétrir d'un coup.

— Pourquoi m'avoir donné ce livre ?

Alors que je relève la tête, je constate son absence et moi, comme une bulle de savon, je claque. Une masse de particules indélébiles trace son passage. Je les retrouve dans cet étrange Éden à chacune de mes visites, malgré la charge du vent ou de la pluie.

MON CLOWN REVIENT LA NUIT. *La roue du destin tourne à vide en position attente : nous sommes désolés de cet incident et vous remercions de votre compréhension. Le temps, ce comptable te surveille et te demande réparation.*

Une saloperie d'eczéma jaillit sur mon corps et me gratte. Anxieuse, j'implore,

— Mais pourquoi ?

— Cherche !

La marionnette se met à rire ! Les méninges à vif, je me réveille en sursaut. Depuis l'enfance, je cohabite avec des visions, des rêves prémonitoires qui s'animent comme des êtres vivants. Je divague entre l'avenir et le passé, des espaces qui marchent à l'envers quand d'autres tournent en rond. Parfois, je trébuche et l'ombre d'un instant, je doute. Je ne sais plus ni qui je suis ni où je vais, j'avance au fond d'un désert poignant qui me happe dans un trou noir sans fin. Chaque jour, je pose *la question* au livre : quand et où ? Puis, les yeux fermés, mon doigt accroche une phrase. *Il ne tient qu'à toi !* chuchotent mes cellules en boucle. *Oui, mais comment* ?

Le sentiment que mon destin pivote telle une girouette, enroule une corde autour de mon cou. Comment être libre si chacun de mes mouvements m'affole ? Du stress en vrac, non merci !

La divination du soir me remet sur pied : vSi l'on n'espère pas l'inespérable, on ne le trouvera pas *!* » Ma salive coule à nouveau. Ma prière : *Fasse que mes ténèbres s'éclaircissent et te rendent à la lumière.* Je décide de me hisser sur « L'inaccessible étoile » chanté par Jacques Brel.

INTRICATION. Aux prises avec la nuit, je roule dans mes draps, fiévreuse. Des milliers d'interrogations pendent au plafond. Exaspérée, j'allume la télé. L'œil mi-clos, je zieute, bâille. Sans raison, le niveau du son déraille, hurle.

Les neurones à l'extérieur du crâne, je voyage. Projetée en direct parmi le public dans une émission de télé. 1980, 7 ans dans le futur.

Monsieur Blanc, dans le rôle du journaliste nous parle d'intrication quantique. Mazette ! Qu'est-ce donc ?

—[vi] Alain Aspect a prouvé que...

Chauffée à blanc, je me lève et pose une question. Mille yeux me fixent.

— Peut-on l'appliquer à deux personnes ? Deux cœurs reliés par-delà le temps et l'espace ?

Sur un sourire dentifrice monsieur B intervient.

— Retrouvons- nous après la pub.

Retour au bercail, déçue.

Depuis, la bibliothèque se nomme mon second foyer. Mon esprit s'étire comme un élastique grâce aux trous noirs, trous de vers, avec cette obsession : accéder au soupirail d'entre les univers et te rejoindre enfin.

La nuit, vautrée dans le ciel, je parlote avec les astres comme à la maternelle. Les cloisons de mon corps s'effacent, je me disperse en transe dans les particules subatomiques. Mais une pensée accélère mon flux sanguin et s'installe à demeure : un jour, ta voix et mes visions deviendront des faits compris par tous.

RÉSURRECTION. Ce matin, je repars au combat. Hier encore, le bruit sec d'un claquement de porte suffisait à m'emplir d'effroi. Désormais, j'oublie mes mille interrogations pour ce bonheur qui fête mon retour sur terre.

Igor me propose quelques galas de fin d'années. *Je t'aime Igor.* Les planches, les projecteurs, une addiction. Le bonus : des cachets à empocher. Un souffle m'emporte à nouveau. Me voilà prête. L'atmosphère d'un théâtre : magique ; son odeur, de la poussière d'histoire. Mon corps ronronne et mon être se condense dans ces quelques minutes. Irréelles. Le lourd rideau rouge sang s'ouvre sur une salle muette. Saint-Saëns démarre son Carnaval des animaux. Au centre, un rayon bleu glacé éclaire cette scène de province. J'interprète *Le cygn*e. Mes gestes t'implorent. Mes bras se tendent pour étreindre ton ombre. Épuisée par mon incantation, perdue dans cette immensité, moi, l'oiseau, je meurs de ne plus t'entendre. Mes jambes me lâchent, mes paupières tombent et ma vie se dissout. Allongée sur le sol, un écho résonne dans ma tête. « *Ces mots écrits à l'encre de mes tripes me ramènent vers toi ma Sarah. Chaque seconde, j'écoute tes soupirs, je guette un signe, un espoir, un miracle. Regarde-moi, je t'en supplie !* »

La surprise me sidère. Revenu ! En pleine turbulence je lui réponds : *ne sais-tu donc pas combien je prie pour te rejoindre ?*

Les applaudissements s'éternisent alors que je me replie vers la coulisse. La joie m'envahit. Je chiale. *Pourquoi pleures-tu* ? me souffle le clown. La détresse et le bonheur se ressemblent. Comme les larmes : salées ou sucrées, petits paquets uniques de chutes ou de gloire.

Je ne tiens plus en place. *Franchir mille horizons ne m'effraie pas, si de l'aube au crépuscule, je reste avec toi mon amour.*

MONSIEUR B. Il m'examine, m'absorbe. Il tente de saisir ma fragilité à travers son âme. L'infini s'appelle Monsieur B et se calcule en énigmes.

— Soyez attentive… aux signes… dit-il en me bousculant telle une bouée dans la mer, puis il tourne les talons, et disparaît au coin d'une rue dont le nom m'échappe. Un goût d'inachevé stagne entre mes dents et me trimballe sur un tapis volant amnésique. L'après-midi cherche à calmer les flux aléatoires de mon cœur.

Notre union, point minuscule sur la toile immense, devient-il l'ingrédient indispensable aux rouages de l'espace-temps ? Pourrions-nous sauver le monde de son absurdité ? Quelle prétention ! *L'échiquier a ses règles et le mystère, son agenda*, m'explique mon ange gardien tandis que je remonte le boulevard comme une gosse perdue.

ATTENTIVE. Tel un loup guettant sa proie, je chasse l'insolite. Je braque les lieux, les individus qui me croisent. Mon attention perce chaque instant, chaque phrase. Ma face de carnaval te cherche à l'infini. *Let It flow, let It flow,* chante tonton dans mon cœur désordonné.

Puis, des sensations m'envahissent, me guident. Jour vierge, immaculé. Toi, dans le ciel en forme de nuage. Tu flottes à l'horizon tel un drapeau d'amour. Faire vite avant que tu ne t'effaces. Je te croise dans le reflet d'une vitre, je me retourne, personne. [vii]P*eter Pan*, cligne de l'œil sur les flancs de mon bus quotidien. Éberluée, je rage. J'ai 18 ans, tu mijotes quelque part ou je divague à pas de géante. Le jeu a commencé, mais je cale à trouver la solution. Te prendrais-tu pour un super héros ? Je me bidonne. Quelle bêtise !

Mon esprit tricote à l'envers et gesticule en vain. Pensant t'y rencontrer, j'égrène toutes les librairies parisiennes. Je traîne avec des mioches turbulents dans ces repères de BD en tous genres. J'enquête à vide. Les heures passent, se découpent en secondes et mes nuits d'errance réduisent l'espoir de te croiser un jour prochain.

Accolée à mon ombre sur le boulevard du retour, un pas après l'autre, docile et bonne fille, je déguste une glace, vanille-fraise. Je me raccroche aux petits plaisirs. Il fait chaud. Tu rôdes dans ma tête, sème des mots, des envies, des plaintes. Ce jeu de cache-cache et de devinettes finit par m'encombrer. Je bâille.

Un mal de pied soudain et la ville disparaît et avec elle, son brouhaha d'aliénés. Seule reste l'écorchure en arc-en-ciel et sa douleur qui bat comme un cœur.

Je me rallume à la vue d'un bus et le monde ressurgit en gros plan.

Dans cette lumière jaune pâle qui inonde ce bus bondé, une main frôle la mienne par hasard.

— Oh ! excusez-moi, désolé !

Cette intonation unique, ce rythme entre les syllabes, je relève le visage, tremblante...

À suivre....

# LECTRICES, LECTEURS BONUS

Merci à mes lectrices et lecteurs inconnus pour leur curiosité et leur envie de lire mon livre. J'espère que mes personnages vous parleront avec force.

J'attends votre retour avec impatience !

Si vous avez aimé, abonnez-vous, ajoutez votre commentaire et vous aurez en cadeau le jour de sa sortie: LE VOLET 2 en numérique GRATUIT, ou soyez invité à des évènements, des signatures, des concours

et en BONUS, un extrait de mon film !
N'oubliez pas de m'écrire votre mail pour je puisse vous l'envoyer.

Je vous souhaite une bonne lecture et une magnifique journée.

Robertie

robertievalee@proton.me

# REMERCIEMENTS

Francine Laska, Martine Adida, Gérard Nataf, Evelyne Sher Richard, pour leurs encouragements à publier ce premier roman en 2 volets.

Cathy Abisror pour le titre. Olivier Zara pour ses conseils judicieux. Elia Maia pour ses remarques importantes.

Crédit photo : Ivan Samkov pour Pexel

Bernadette Capezzali, fidèle amie talentueuse. Charles Gasser, mon meilleur ami pour son soutien indéfectible

Et toute ma bande de copines avec lesquelles je passe de merveilleuses soirées et à qui je chante :

*Je vous aime.*

# L'AUTRICE

Née à Paris, Robertie Valée se trouve très tôt immergée dans le monde artistique à travers la danse jazz contemporaine, puis au sein d'un groupe de rock anglais qui tourne en France et aux USA.

Elle travaille actuellement pour une société de productions de documentaires et de vidéo clip.
Elle écrit, produit et réalise des courts-métrages expérimentaux ; le dernier, rédigé à partir de quelques lettres d'une collection, « I MISS YOU, WHY » (TU ME MANQUES, POURQUOI)
2021 –2022, remporte deux Awards et neuf sélections dans des Festivals de Films Internationaux.

https://www.instagram.com/robertie.valee/

https://www.facebook.com/robertie.valee/

# TABLE DES MATIÈRE

# NOTES

---

[i] LE LAC DES CYGNES : Ballet classique, musique de Tchaïkovski, inspiré d'une légende Allemande.

[ii] NOM DE PAS de danse classique.

[iii] Comédien américain faisant partie des :
MARX BROTHERS. WIKIPEDIA.

[iv] GISELLE, OU LES WILIS est un ballet romantique en deux actes, composé par Adolphe Adam sur un livret de Jules-Henri Vernoy de Saint-Georges et de Théophile Gautier

[v] ESPÉRER L'INESPÉRABLE. aphorisme 2 ** (DIELS –KRANTZ 18– CONCHE 66) tiré du livre de ROGER VON 0ECH

[vi] ALAIN ASPECT est reconnu pour avoir contribué à la compréhension du monde quantique.

[vii] LE MYTHE DE PETER PAN ou l'angoisse du temps qui passe. AMÉLIE MAXWELL

Printed in France by Amazon
Brétigny-sur-Orge, FR

29485188R00091